大学生
创业基础
行动版

教育部全国高等学校学生信息咨询与就业指导中心组织编写

全国高校就业创业特色教材课题项目研究成果

主编◎施永川 郑天翔 王廷

吉林大学出版社
·长春·

图书在版编目（CIP）数据

　　大学生创业基础：行动版/施永川，郑天翔，王廷主编.—长春：
吉林大学出版社，2020.8
　　ISBN 978 - 7 - 5692 - 7015 - 0

　　Ⅰ.①大… Ⅱ.①施… ②郑… ③王… Ⅲ.①大学生 - 创业 -
高等学校 - 教材 Ⅳ.①G647.38

　　中国版本图书馆 CIP 数据核字（2020）第 168634 号

大学生创业基础（行动版）
DAXUESHENG CHUANGYE JICHU（XINGDONG BAN）

作　　者　施永川　郑天翔　王　廷　主编
策划编辑　黄国彬
责任编辑　张宏亮
责任校对　陶　冉
装帧设计　孙志武
出版发行　吉林大学出版社
社　　址　长春市人民大街 4059 号
邮政编码　130021
发行电话　0431 - 89580028/29/21
网　　址　http：//www.jlup.com.cn
电子邮箱　jdcbs@jlu.edu.cn
印　　刷　日照昆城印业有限公司
开　　本　787mm×1092mm　1/16
印　　张　11.25
字　　数　220 千字
版　　次　2020 年 8 月第 1 版
印　　次　2020 年 8 月第 1 次印刷
书　　号　ISBN 978 - 7 - 5692 - 7015 - 0
定　　价　41.00 元

编委会

主　　编：施永川　郑天翔　王　廷

参编人员：（按姓氏拼音排序）

陈琼秋　黄　莹　刘　帆

刘玉峰　钱玉丹　涂德虎

王佳桐　温长秋　许莹莹

袁土淋　郑　哲

前　言

2002年，教育部将清华大学、中国人民大学等9所院校确定为开展创业教育的试点院校，开启创业人才培养的局部试验性阶段。2015年，随着国务院办公厅颁布《关于深化高等学校创新创业教育改革的实施意见》，"大众创业、万众创新"开始成为国家的发展战略，成为助推中国经济发展的新引擎，全社会正逐渐形成创新驱动发展、创业焕发生机的崭新局面。"众创空间"、"创客"、"互联网＋"、"人工智能"等新名词逐渐走进大学生的日常生活，创新创业教育迎来了崭新的春天。

当前，创新创业教育已经为自己"正名"，它不再是少数人的专利，而是让更多大学生创新创造成为可能，创新创业教育已经纳入教学主渠道、纳入人才培养方案，成为高校内涵式发展的重要抓手。但基于何种理念、如何实施创业人才培养一直是一个关键性的问题。在过去的高校环境中，想要继续深造和就业的学生都有清晰的通道，但立志于创业的学生一直有"师出无名"的尴尬现象。现在，教育部门顺势而为给创业的学生明确了道路，将创业型人才培养作为高校人才培养的目标之一。例如，温州大学构建了"立足区域、分层分类、专创融合、协同递进"的具有鲜明地域特色的创业人才培养模式，推动学校创新创业教育具有更大的通用性、灵活性和实效性。

创业不应该只是纯粹的商业活动，更是一种生活方式、思维方式和行为模式。在校生创业固然可喜，毕业后先就业积蓄一定的资源后再创业也是勇气可嘉，即使不选择自主创业，在各自工作岗位发挥好创新创业精神，从事"岗位创业"也是种非常好的选择。可见，创新创业教育要跳出传统思维模式的窠臼，不能为了创业而创业教育，关键在于播撒创新的种子，传播创业的精神，而不是制造流水线上的产品。在"大众创业、万众创新"的新时代，每个学生的创业需求都应该得到尊重和扶持，需要得到个性化的发展。

创业教育教学不应当仅仅遵循传统教育的教学方法，这在很大程度上来说是由创业过程的复杂性、模糊性、不确定性和动态性所决定的。久负盛名的"创业学之父"杰弗里·蒂蒙斯曾说过："创业是一种思考、推理和行动的方法，它不仅要受机会的制约，还要求创业者有完整缜密的实施方法和讲求高度平衡技巧的领导艺术。"创业教育教学区别于其他学科的最大特点在于，创业是不拘泥于当前资源的限制对机会的追寻，因而是极端强调实践的，同时也是伴随风险的。创业教育应该是一个创造性的过程，具有挑战性和教学难度，迫切需要有效的教学模式。另外，创业教育教学不仅仅局限于教师的"教"，更反映在学生的"学"，要创造一种学习环境让学生体验创业者的生活方式，其效果是由师生共同配合、相互作用呈现的。

基于以上理念，在充分考虑大学生对创新创业教育的新需求以及高校开设创新创业教育课程的迫切需要，温州大学的课程研发团队推出了《大学生创业基础》课程，并于2018年入选了国家精品在线开放课程。作为课程的重要支撑，团队于2015年率先在高等教育出版社推出了国内第一本新形态创业基础类教材。为更好地配合在中国大学MOOC（爱课程）平台发布上的同名慕课，也是为了更好地体现创业教学的实践性强的特征，团队贯穿"理念渗透——体验感悟——活动执行"的编写逻辑，将创业教学的知识点分解成15个不同的知识点，同时设计了一系列相辅相成的教学活动和案例分析，倡导教师将知识要点融入到一系列体验活动中，增强创新创业教育实操性，能够帮助大学生树立创新意识，培养创业能力。具体而言，有以下几方面特点：

1. 活动教学，实践体验

教材内容设计以活动为载体，活动形式以学生参与为主体，教师教授为辅。每一知识点设计了教学活动，帮助更好地阐释任务内容。教材建议采用体验式教学方法，鼓励运用分组讨论、角色扮演、商业模拟游戏、电梯演讲等多种形式来设计教学实践环节，推进学生创业实践能力的发展。

2. 案例启示，贴近生活

教材编写引入模块化培训的理念，将社会及市场经济的实际情景与学生创新创业能力指导相结合，突出创业情境的真实性。教材活动设计及案例选取具有创新性，自主开发相关教学活动内容。紧扣教学目标，适合课堂教学，针对性强。案例的选取紧扣核心知识要点，贴近学生真实生活。

3. 纵横交织，促进发展

教材结构设计在横向和纵向维度上均有所设计。在纵向维度上，整本教材渗透创业理念，贯穿创业全过程，包括创业团队、创业机会、企业选址等；在横向维度上，将学生创新创业教育纳入自我职业生涯规划，包括创新思维、创业能力等，体现了知识涉及的广度。教材强调创新意识的培养，注重创业精神的传授，因此适用于每一位大学生，既可激发他们的创业兴趣，也可从中获得创新创业知识。

本教材的编写力求充分反映我国高等学校创新创业教育教学的最新实践进展和经验总结，在编写过程中借鉴、参考了国内外创业指导与创业教育研究方面的文献资料，以及一些创业教育专家学者的理论和观点。本教材的编写得到了温州大学党委书记谢树华、校长赵敏教授、副校长薛伟教授的精心指导和热情鼓励，吉林大学出版社给予大力支持，对教材的内容、体例、呈现等都提出了很多很好的意见和建议。教材系全国高校就业创业教材课题研究成果，得到教育部全国高等学校学生信息咨询与就业指导中心的资助，李飞雄老师也倾注了大量的心血，在此一并表示感谢。

由于编者水平有限，书中难免有疏漏和不足之处，敬请读者指正。

编者

2020 年 8 月

目　录

第1章　创新思维

【概念解析】

　　"创新"一词是1912年由美国经济学家熊彼特（Joseph Schumpeter）在著作《经济发展理论》中率先提出来的。熊彼特认为，所谓创新是要"建立一种新的生产函数"，即"生产要素的重新组合"，就是要把一种从来没有的生产要素和生产条件的"新组合"引进到生产体系中去；作为资本主义"灵魂"的"企业家"的职能就是实现"创新"，引进"新组合"，而这种"新组合"的目的是获得潜在的利润，即最大限度地获取超额利润。

　　创新是以新思维、新发明和新描述为特征的一种概念化过程。它起源于拉丁语，其原意有三层含义，第一，更新；第二，创造新的东西；第三，改变。创新是人类特有的认识能力和实践能力，是人类主观能动性的高级表现形式，是推动民族进步和社会发展的不竭动力。一个民族要想走在时代前列，就一刻也不能没有理论思维，一刻也不能停止理论创新。创新在经济、商业、技术、社会学以及建筑学这些领域的研究中有着举足轻重的分量。在我国，经常用"创新"一词表示改革的结果。既然改革被视为经济发展的主要推动力，那么促进创新的因素也就至关重要。

　　创新一般有狭义和广义两个层次。狭义的创新立足于把技术和经济结合起来，即创新是一个从新思想的产生到产品设计、试制、生产、营销和市场化的一系列行动。广义的创新力求将科学、技术、教育等与经济融会贯通起来，即创新表现为不同参与者和机构（包括企业、政府、学校、科研机构等）之间交互作用的网络。在这个网络中，任何一个节点都可能成为创新行为实现的特定空间。创新行为因而可以表现在技术、体制或知识等不同层面。

　　关于创新的产生的理论很多，影响较大的有魔岛理论、天才理论、迁移理论、变通理论和元素组合理论五种。如果能理解、掌握并运用好这五种理论，可以有效提升人们的创新思维。

1. 魔岛理论

魔岛理论起源于古代水手的传说。茫茫大海，波涛汹涌，海中岛礁，不可捉摸。当水手们想躲开它时，它偏偏出现了；当水手们想寻找它时，它却迟迟不肯露面，消隐得无影无踪，因此，水手们称这些岛为"魔岛"。更神奇的说法是，水手在入睡前，海上还是一片汪洋，第二天早上醒来，却发现周围出现了一座"魔岛"。后来的科学家知道，"魔岛"是珊瑚岛，没有珊瑚年复一年的积累是生长不出来的，这些"魔岛"经过无数的珊瑚长年累月地成长，最后一刻才升出海面。魔岛理论认为，创意的产生，有时候也像"魔岛"一样，在人的脑海中悄然浮现，神秘而不可捉摸。灯泡一亮，灵感一来，创意诞生。魔岛理论强调，人类的大脑，经历无数次的孕育、雕琢、培养和努力，才能最终获得创意。

那么如何运用魔岛理论产生创意呢？如果人们想创造性地解决某一问题，那么就要对这个问题花费一些时间和精力，进行多次的思考。而后的一段时间内，在一些不经意中，比如开门、散步等，大脑就会突然闪现一些与那个问题有关的灵感、主意，或诸如此类，突闪发生后，请马上把想到的记录下来，这是一种有效的积累方式（如果不立刻记录，可能以后再也想不起来了），这样下来，记录在一起的灵感或主意会是一些或很多，针对这些记录的内容进行整理和分析，一个有价值的创意就可能神奇地产生了。

2. 天才理论

天才理论认为创意靠天才才能获得。古今中外，有很多天才创造的创意改变了人们的生活，甚至促进了人类的文明和进步。但我们需要明白的是，天才理论过分强调天生的因素，忽视了后天的努力，所以有其片面性，只揭示了创意的部分来源。

天才理论虽然有其片面性，但同样具有其现实的运用价值。一个人是某一领域的天才，如果能借助这位天才解决这一领域的相关问题，即使是这位天才的一个随机想法，可能也会胜过其他人费尽心机、绞尽脑汁拿出的办法。人们可以采取借助、借力、借鉴的方式运用天才理论产生创意：借助，通过找到该领域的天才、擅长者或经验丰富者，帮助解决问题；借力，与天才、擅长者或经验丰富者一起合作，共同来解决问题；借鉴，把其他天才或成功人士好的创意拿过来，在自己的领域使用或推广。

3. 迁移理论

迁移理论认为，创意是一种迁移。所谓迁移，就是用观察此事物的办法去观察彼事物，就是用不同的眼光去观察同一个现象，就是采取移动视角的办法来分析问题。通过视角的迁移，再认识就会形成，认识的改变是重要的创意来源。

有一种很简单的运用迁移理论的方式。人们可以针对问题进行反复的学习，比如多读几次材料、多看几次实物等，这样在多次重复的过程中，可能就会让视角更丰富、更全面，形成更深刻的认识，进而创造出交叉的、融合的、异化的新办法或新事物来，创意可能就此产生。

4. 变通理论

变通理论认为，改变用途是创意的重要源泉。事物的用途能交换、转换和传递，某一事物的效用就是一种能量，在特定的情况下，把这种能量换一个环境去应用，创意就可能产生了。创意就需要这种变通，创意就产生于这种变通。

运用变通理论的基本方式是，一种事物在某一环境中作用发挥显著，建立合适的条件，让这种事物在另外一个环境中也发挥显著的作用。这个过程本身就是一种创意，但真正有价值的创意是在后一环境中也发挥显著的作用，所以，特别要注意建立合适的条件这个环节，条件不具备，会影响到变通后作用发挥的效果。

5. 元素组合理论

元素组合理论认为，一些事物或一些元素相互组合在一起可以形成多种多样的新的事物。创意可能就产生于元素组合，人们可以研究将各种元素组合，来获得想要的创意。这需要人们不断地设想和尝试元素组合的可能性，在尝试过程中，创意就可能产生。

运用元素组合理论的方式，把其他一些元素按照设想或揣测，加入想要解决的问题或某一元素之中，分析各种组合体的效果，富有价值的就是一个创意。越能突破习惯性思维、直线性思维去设想或揣测，创意产生的效果越好。

创新无处不在，一般而言有以下五种类型：

1. 产品创新

产品创新就是生产出消费者还不熟悉的产品，或创造产品的一种新特性。换句话说，产品创新是指将新产品、新工艺、新服务引入到市场，以实现商业价值。如果企业推出的新产品不能为企业带来利润等商业价值，那就算不上真正的创新。产品创新通常包括技术上的创新，但是产品创新不限于技术创新，因为新材料、新工艺、现有技术的新组合和新应用都可以实现产品创新。

2. 技术创新

技术创新就是在制造部门中使用新的尚未通过经验鉴定的方法，这种新的方法不需要建立在科学新发现的基础之上。技术创新的目的通常是提高生产率。

3. 市场创新

市场创新是指在产品推向市场阶段，基于现有的核心产品，针对市场定位、渠道策略、营销传播沟通（品牌、广告、公共和促销等），为取得最大化的市场效果或突破销售困境所进行的创新活动。

4. 资源配置创新

资源配置创新是指掠取或控制原材料或半制成品的新的供应来源。资源配置创新不追究这种来源是已经存在的，还是第一次创造出来的。

5. 组织创新

组织创新是指调整或变革一种工业组织，比如造成一种垄断地位或打破一种垄断地位。

【教学活动1】

创新思维测试

请通过下列问题对自己是否具备创新思维进行测评。

1. 你在何时会产生改变现状的愿望和要求？ （　　）
   A. 时时都想改变现状
   B. 在面对机遇时
   C. 在遭遇困难时

2. 当你提出的超常规想法遭到他人否定时，你会如何做？ （　　）
   A. 找出被否定原因并加以完善
   B. 坚持自己的想法
   C. 放弃自己的想法

3. 你是否会经常提出别人不敢去想的问题？ （　　）
   A. 经常会提出
   B. 根据问题的领域而定
   C. 偶尔会提出

4. 你对现有问题如何认识？ （　　）
   A. 应不断进行革新
   B. 有可以改善的地方
   C. 存在即合理

5. 你如何理解创新过程中的风险？ （　　）
   A. 创新有较高风险
   B. 创新有一定风险
   C. 创新有较少风险

6. 对于管理工作中的各种意见，你持怎样的态度？ （　　）
   A. 善于提出自己的意见
   B. 善于补充别人的意见
   C. 善于评价别人的意见

7. 你如何看待专家或权威的意见？ （　　）
   A. 不可全信
   B. 根据自己对意见涉及领域的熟悉程度

C. 专家很少犯错

8. 你喜欢什么性质的工作？　　　　　　　　　　　　　　（　　）

A. 新颖而富有挑战性

B. 需要进行一定思考的工作

C. 持续性或反复性的工作

9. 当你看到一个产品时，你做何想法？　　　　　　　　　（　　）

A. 首先想找到它的缺陷

B. 研究产品的优点

C. 总是感觉很好奇

10. 你是否对新鲜的事物具有好奇心？　　　　　　　　　　（　　）

A. 是的，我会一探究竟

B. 对自己有兴趣的东西会很注意

C. 没有

评分标准：

选 A 得 3 分，选 B 得 2 分，选 C 得 1 分。

请选择你的得分区间，并在相应的方框里打"√"。

□24 分以上，说明你的创新思维很强，请继续保持和提升。

□15 ~ 24 分，说明你的创新思维一般，请进一步努力提升。

□15 分以下，说明你的创新思维比较差，建议急需提升。

【教学活动 2】

九 点 连 线

活动目标：理解创新思维对于培养创业精神的重要性。

活动过程：请用连贯的四条直线一笔连接以下 9 个点。

思考与讨论：有没有不同的解决方案？能否用更少数量的直线来完成这一任务？

【教学活动 3】

纸 片 穿 越

活动目标： 突破思维的框框，激发创造力，解决"不可能的问题"。

教学工具： A4 纸、剪刀

活动步骤：

1. 教师拿起一张 A4 纸，将其对折，并从中间剪下一个 3 平方厘米的小纸片，然后用手指着 A4 纸中间的小洞问，谁可以从这中间穿过去？为了增强效果，教师可以拿着纸到下面挨个去问。

2. 随后教师拿起剪下的小纸片问：如果刚才的洞不行，那么这张纸可以吗？如果有学生认为可以，就请他过来试一下。

3. 在给学生一定的思考时间后，教师开始引申游戏的含意。暗示小纸片就像大多数人目前所具备的条件，但我们每个人都有目标和梦想，我们还是期望可以从这张只有 3 平方厘米的小纸片中穿过，让梦想成真。

4. 教师用剪刀剪小纸片，边剪边展示给大家看。剪好后将纸拉展形成一个纸环，随后问：刚才不可能的事情，现在可以了吗？

5. 大家讨论，总结游戏心得。

注意事项： 游戏前一定要熟练剪法，就是将一张纸片剪成一个相连的纸环，剪法可以在网上找。游戏的意义一定要引申，这是游戏成败的关键。

思考与讨论： 现实生活中还有哪些一开始大家都觉得"不可能"，然后变为"可能"的事例？

【教学活动 4】

头 脑 风 暴

活动目标： 练习创造性解决问题的创新方法。

教学工具： 回形针、可移动的桌椅

活动描述：研究表明，创造性可以通过简单实际的练习培养出来。然而，大多数革新的想法往往会被诸如"这个我们去年就已经试过了"或"我们一直就是这么做的"之类的话所扼杀。为了鼓励参与者发挥先天的创造性，我们可以进行头脑风暴的演练。

头脑风暴有以下四个基本准则：

1. 不允许有任何批评意见。

2. 鼓励异想天开（想法越离奇越好）。

3. 要形成一定数量的想法。

4. 寻求各种想法的组合和改进。

有了以上这些基本概念之后，将全体人员分成每组 4~6 人的若干小组。他们的任务是在一分钟内尽可能多地想出回形针的用途（也可以采用其他任何物品或题目）。每组指定一人负责记录各种想法。在一分钟之后，请各组汇报他们所想到用途的数量，然后举出其中"疯狂的"或"激进的"主意。有时，一些"傻"念头往往会被证明为是很有意义的想法。

思考与讨论：当你在进行头脑风暴时还存在怎样的顾虑？你认为头脑风暴最适合解决哪些问题？你认为还能在哪些工作或学习中运用头脑风暴？

【教学活动5】

改变思维习惯

活动目标：理解改变思维习惯是孕育创新思维的第一步。在进行创造活动时，要有意识地抛开以往思考这些问题时的习惯，有意识地利用逆向思维解决问题。

活动描述：在空地或宽敞的室内，所有学生保持双臂的距离面向教师站立。教师发出口令，学生必须迅速做出反应，执行教师的反口令。之后，两位学生一组，分别扮演教师和学生的角色，强化训练 3 次，然后互换训练。

教师口令	学生动作
稍息	立正
立正	稍息
向左转	向右转
向右转	向左转
向后转	保持不变
向前看	向后转

思考与讨论：为什么说改变思维习惯是孕育创新思维的第一步？

【案例分析 1】

猴子如何来管理

大象和猴子分别成立了自己的公司。

大象公司和大多数公司一样，员工们喜欢没事看看报纸，聊聊天，然后坐等下班。大象虽然多次强调大家要提高工作效率，但是并没有多大起色。听说猴子管理的公司很不错，于是大象带领一批员工到猴子管理的公司学习，它在猴子公司内发现了一个奇怪的现象。

大象口渴，想喝水。它发现猴子公司的办公室里竟然没有饮用水。一问才知道，猴子规定在办公室内不准喝水，要喝水必须去饮水处。

于是大象来到饮水处，又是一惊，它看到一种从未见过的一次性杯子——锥形水杯。这种水杯只能拿在手里，不能放下；也就是说，它让你必须马上喝完水，喝完就投入到工作中去。

思考与讨论：创业者如何通过管理创新提高工作效率？创业者对于创新应当具有怎样的认识？

【案例分析 2】

田 忌 赛 马

齐国使者到大梁来，孙膑以刑徒的身份秘密拜见，劝说齐国使者。齐国使者觉得此人是个奇人，就偷偷地把他载回齐国。齐国将军田忌非常赏识他，并且待如上宾。田忌经常与齐国众公子赛马，设重金赌注。孙膑发现他们的马脚力都差不多，马分为上、中、下三等，于是对田忌说："您只管下大赌注，我能让您取胜。"田忌相信并答应了他，与齐王和各位公子用千金来赌。比赛即将开始，孙膑说："现在用您的下等马对付他们的上等马，用您的上等马对付他们的中等马，用您的中等马对付他们的下等马。"

三场比赛结束后，田忌一场败而两场胜，最终赢得齐王的千金赌注。于是田忌把孙膑推荐给齐威王。齐威王向他请教兵法后，就请他作齐国军师。

思考与讨论：孙膑在赛马时运用了怎样的创新策略？假如比赛时将赛马分成五等，并且需要比赛五场，你觉得他的策略依然有效吗？

【案例分析3】

他卖的不是水，是创意！

免费送水给别人喝，还能赚到钱，这样的稀奇事儿就发生在"90后"小伙子张健的身上。

半年来，张健利用自家的工厂生产矿泉水，以互联网销售途径进行推广，然后在瓶身四面贴上为客户量身定制的广告，最后以免费喝水等方式将印有宣传广告的定制水送给普通老百姓。他曾在一个星期内"卖"出了5万多瓶矿泉水。

卖矿泉水瓶身的"广告位"比卖水更赚钱

在温州大学读书的时候，张健就尝试过很多创业项目。半年前，他想到了一条新的生财之路，就是在自家生产的矿泉水上做"文章"。

张健算了一笔账：现在市面上一瓶普通的矿泉水售价为1~2元，而自家的矿泉水可以卖得便宜一点，根据成品率的不同，定价为0.8~1.4元不等。低价销售确实有利于打开市场，但又如何实现盈利？他想到了一招，在矿泉水瓶的外包装上做广告，可以4个页面打包卖，也可以每个页面单独卖，每瓶矿泉水的单个页面售价0.6元。

通过微信朋友圈推广、淘宝线上销售等途径，张健的生意很快开张了。"客户可以从我这里买到比普通矿泉水更便宜，而且印有自己宣传广告的定制水，所以了解后大部分人都表示有想要合作的意愿，很多客户都是听完直接下单了。"张健说，他的最高纪录是一个星期内"卖"出了5万多瓶矿泉水。

通过免费赠水为广告客户推广宣传

下单、广告设计以及矿泉水瓶身的定制，这些都可以通过微信等线上途径来完成，等到定制水生产出来后，张健还可以根据客户的需求以及广告受众人群的不同，将定制好的矿泉水进行针对性投放。

他介绍说，他们会在线上寻找单位、企业或者个人进行活动合作，在活动中将印有广告的定制水免费送给老百姓喝，以达到宣传的效果。如果有单位的活动本身就需要宣传，那就可以只支付"广告费"就可以拿到活动时的水。

"3月8日妇女节那天，我把与车企合作的定制水送到了温州二手车交易市场进行免费发放，结果1000瓶矿泉水仅用了不到1小时就被抢光了。"

而在大家对免费喝水纷纷点赞的同时，也有人对这种定制水的饮用安全问题提出了疑问。张健坦言，开始时大家确实存在疑问，但只要通过了解后，知道定制的矿泉水是位于雁荡山的正规厂家生产的，并且拥有相关的生产许可时，这种顾虑就被打消了。

他还想在"方寸之间"做公益

张健说，定制水发放之后，不但可以直接增加相关品牌的曝光率，还可以通过微信后台数据的支持，对扫描了二维码定制广告的人数进行统计，从而得出矿泉水实际吸引到的潜在顾客人数。

现在，张健还专门成立了温州仁翔网络科技有限公司，并准备开发专门的定制水网站，全方位宣传他的创业项目。接下来，除了为客户设计定制以外，张健还打算好好地利用这矿泉水瓶上的小小天地，推广公益行动。他想以自己或者他人的名义进行慈善公益，免费向饮水困难地区捐赠优质的矿泉水，他还可以与政府部门合作，通过矿泉水瓶上的内容，宣教优秀文化和传统知识，或者宣传绿色环保等理念。

思考与讨论：张健的创业项目最大的创意是什么？如果你来运营他的创业项目，你会有更好的创意吗？

【案例分析4】

"愤怒的小鸟"的创新商业逻辑

《愤怒的小鸟》是芬兰手机游戏开发商 Rovio 于 2009 年 12 月正式发布的一款游戏，在 Apple Store 首次登陆，迄今已经成功登陆了 Android、Symbian、PC、MAC、PSP 及 Chrome 等各大平台。这款简单生动的游戏一举成为苹果应用商店 2010 年最卖座的应用游戏，甚至被《纽约时报》评为"2010 年度文化符号"，为 Rovio 公司创造了巨额盈利，使其从一个濒临被市场淘汰的公司摇身变为即将上市的公司。下面结合"PRIME 画布"来阐释"愤怒的小鸟"的商业逻辑。

PRIME 画布

行业观察：生命周期短，快速响应市场的研发能力和产品推广力是制胜关键。整体来看，游戏市场"钱景"看好，但"称霸江湖"很不容易							
资源能力				项目		市场	
重要伙伴		组织内资源					
对象	平台提供商 社交化网络 娱乐公司	核心资源	需求洞察力 产品研发 品牌运营（中期）	来源	大量的碎片化时间 低沉浸度及忍耐度 消费热点的移动应用	目标客户	普通上班族 和学生群体 （碎片化时间）
贡献	渠道展示及 实现销售 流量资源	关键业务	游戏设计 游戏品牌 运营（中期）	名称	愤怒的小鸟	渠道	移动互联网 应用商店 社交网络巨头
利益	收入分成			价值主张	简单好玩	客户关系	高黏性社群
成本	游戏开发费 租用（买）服务器 技术人员的薪酬 渠道费用 游戏维护与更新费用（中期）			利润（万元） （缺财务数据）		下载收入 广告收入 周边产品收入 （中期）	收入

《愤怒的小鸟》的目标市场是拥有碎片化时间的普通上班族及学生群体；价值主张是提供针对客户碎片化时间的乐趣与娱乐；渠道通路是那些移动应用商店和社交网络巨头，比如 Apple Store、Android 平台、Symbian 平台、PC 平台、MAC 平台、PSP 平台、Chrome 平台以及后期的 Facebook 平台；客户关系表现为与游戏玩家超强黏性的买卖关系以及与苹果、谷歌等的平台的合作伙伴关系；三种收入来源分别为向用户直接收取下载费、向广告商收取在用户进行游戏前播放广告的费用以及后期销售诸如毛绒公仔、iPhone 手机保护壳、T 恤、蛋糕等游戏关联产品的费用；核心资源是精准把握客户需求，独特的产品研发优势；关键业务早期为简单而生动的游戏设计，后期为游戏品牌运营；重要伙伴包括世界最主要的平台提供商，社交化网络及娱乐公司等，

大学生创业基础（行动版）

比如苹果公司、Google 公司、Symbian 公司、Facebook 公司、SONY 公司、福克斯数字娱乐公司等；成本方面包括游戏开发费用、游戏维护及更新费用、技术人员的薪酬、租用或买服务器的投入、游戏代理费用以及广告和推广的费用。

综观以上 9 大构成要素，我们认为《愤怒的小鸟》最主要的创新之处是其价值主张和渠道选择。

价值主张的创新点之一是顺应了技术和社会发展趋势。从技术方面来说，随着移动互联网的发展，新生代手机和其他智能、互联、便携式的移动产品将逐渐取代电视、个人电脑、收音机等传统电子产品，移动应用将是消费者关注的重点。从顾客角度，人们越来越面临时间碎片化的问题，并且在这些碎片化时间里的沉浸度以及忍耐度都比较低。

价值主张的创新点之二是设计出了精准把握用户需求的产品。《愤怒的小鸟》的游戏设计角色设定鲜明，情节简单易懂，学习上手容易，任务结束迅速，正好满足了碎片化时间的需要；加之小鸟富有娱乐精神的声效与动画，就更能吸引游戏玩家了。

除此之外，渠道选择的创新在于选择了与大佬的合作。与移动应用平台大佬的合作迅速开启了市场大门，积累了品牌声誉。考虑到手机是最普遍的社交工具，Rovio 早期市场选择从 Apple Store 和 Symbian 手机平台切入，获得了巨大成功；之后借助用户网络分享这种病毒式营销，从 iPhone 手机、一般的智能手机、掌上游戏机到个人电脑程序及网络页面等，几乎覆盖了所有可以运用到互联网的设备。

思考与讨论：你还可以举出哪些将创新思维成功运用到商业领域的案例？

· 12 ·

第 2 章　创业能力

【概念解析】

　　成功创业者不仅需要具备优秀的人格品质，还必须掌握应对和处理创业现实问题的基本技能。杰弗里·蒂蒙斯（Jeffry A. Timmons）认为，在创业过程中由于机会的模糊、市场的不确定性、资本市场的风险以及外在环境的变迁等，经常影响到创业活动，使得创业过程充满了风险。因此，必须要依靠创业者的领导力、创造力与沟通能力来发掘问题，掌握关键要素，弹性调整商机、资源、团队三个层面的搭配组合（见图 2-1），使得新事业能够顺利进行。更具体地说，在识别商业机会的过程中，需要创业者具有创造力以及决策力；在获取外部资源时，需要创业者具备良好的沟通能力；在组建和管理工作团队时，需要创业者具备卓越的领导力。

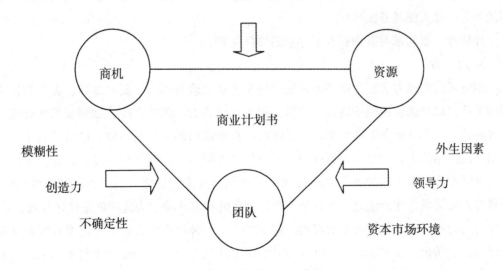

图 2-1　蒂蒙斯创业模型

1. 领导力

创业者首先会被看作是某种经济组织的所有者或管理者。他们也可能会被视为某个团体的领导者。在商业情境中所使用的很多技巧也可以应用在团体发展中。从创业者所承担工作的本质来看，创业者必须是领导者。成功的领导者要依靠他人来实现目标。创业者如何看待自己的员工将决定他们的领导风格。在很多情况下，员工所作的事情正是他们的创业者所期望的。如果创业者纵容员工不负责任，那么员工就有可能做出有损企业形象的事情；如果创业者希望员工承担责任，员工就可能变得更有责任心，处处维护企业的利益。

领导力的本质就是影响力，是把握组织的使命并影响下属围绕这个使命奋斗的一种能力。它是一种较高层次的综合能力。包括团队组建与管理能力、战略定位能力，企业文化设计与培育、应付突发事件能力等。创业者需要扮演企业细致的"内管家"、活跃的"外交家"、战略的"设计师"、执行的"工程师"、发散思维的"开拓者"、内敛倾向的"保守派"等角色，需要将技术研发、市场开拓和财务管理等方面的人才凝聚在一起，需要将不同个性的人凝聚在一起，形成协同优势。

2. 创造力

创造力是指产生新思想，发现和创造新事物的能力。创造力高的人对于客观事物中存在的明显失常、矛盾和不平衡现象易产生强烈兴趣，对事物的感受性特别强，能抓住易为常人漠视的问题，推敲入微，意志坚强，比较自信，自我意识强烈，能认识和评价自己与别人的行为和特点。

创造力的行为表现有三个特征：

变通性。即思维能随机应变，举一反三，不易受功能固着等心理定式的干扰，因此能产生超常的构想，提出新观念。

流畅性。如果一个人针对某种刺激的反应既快又多，能够在较短的时间内表达出较多的观念，此人便具备流畅性。

独特性。指的是对事物具有不寻常的独特见解。

3. 沟通力

创业者的沟通力表现为能够妥善地处理与公众（政府部门、新闻媒体、客户等）之间的关系，以及能够协调下属部门成员之间关系的能力。创业者应该做到妥当地处理与外界的关系，尤其要争取政府部门、工商以及税务部门的支持与理解，同时要善于团结一切可以团结的人，团结一切可以团结的力量，求同存异共同协调地发展，做到不失原则、灵活有度，善于巧妙地将原则性和灵活性结合起来。总之，创业者搞好内外团结，处理好人际关系，才能建立一个有利于自己创业的和谐环境，为成功创业打好基础。

沟通力难以完全依靠书本而习得，它实际上是一种社会实践能力，需要在实践活动中学习，不断积累总结经验。这种能力的形成要注意三点：一是要敢于与不熟悉的人和事打交道，敢于冒险和接受挑战，敢于承担责任和压力，对自己的决定和想法要充满信心、充满希望。二是养成观察与思考的习惯。社会上存在着许多复杂的人和事，在复杂的人和事面前要多观察多思考，观察的过程实质上是调查的过程，是获取信息的过程，是掌握第一手材料的过程，观察得越仔细，掌握的信息就越准确。观察是为思考做准备，观察之后必须进行思考，做到三思而后行。三是处理好各种关系。可以说，社会活动是靠各种关系来维持的，想处理好关系就要善于应酬。应酬是职业上的"道具"，是处事待人接物的表现。应酬的最高境界是在毫无强迫的气氛里，把诚意传达给别人，使别人受到感应，并产生共识，自愿接受自己的观点。搞好应酬要做到宽以待人、严于律己，尽量做到既了解对方的立场又让对方了解自己的立场。协调交往能力并不是天生的，也不会在学校里就形成了，而是走向社会后慢慢积累社会经验，逐步学习社会知识而形成的。

【教学活动1】

大学生创业能力量表

马恩等编制的大学生创业能力量表是测量大学生创业能力的主要工具。该量表由10个因子组成，即发现机会能力、人际能力、分析能力、创新能力、运营能力、组织能力、战略能力、承诺能力、学习能力和个人能力，共计53个项目。

请根据以下关于大学生创业能力的描述，结合自身的符合程度做出相应的选择，并在相应的空格处打"√"。

序号	项目	完全不符合	比较不符合	有点不符合	不确定	有点符合	比较符合	完全符合
1	识别顾客需要的商品或服务							
2	察觉未满足的顾客需求							
3	积极寻找能为顾客提供真正利益的产品或服务							
4	抓住商机							

序号	项目	完全不符合	比较不符合	有点不符合	不确定	有点符合	比较符合	完全符合
5	建立与他人的长期的信任关系							
6	有效地与他人协商							
7	有效地与他人互动							
8	维持用于工作联系的人际网络							
9	理解他人通过言行传达出来的含义							
10	有效地与他人沟通							
11	将想法、问题和观察结果运用到其他环境中							
12	将想法、问题和观察结果整合到更广泛的环境中							
13	承担与工作相关的合理的风险							
14	监测目标在风险行动中的进展							
15	用新方法看待旧问题							
16	探索新的思路							

序号	项目	完全 不符合	比较 不符合	有点 不符合	不确定	有点 符合	比较 符合	完全 符合
17	将新的问题看作机遇							
18	规划业务的运营							
19	配置不同的资源							
20	使组织保持平稳运行							
21	配置资源							
22	协调任务							
23	监督下属							
24	领导下属							
25	组织人							
26	激励人							
27	有效地委派任务							
28	确定长期的议题，识别问题或机会							
29	了解该行业的预期动向，以及怎样的改变可能会影响公司							
30	对工作目标的优先级进行排序							

序号	项目	完全 不符合	比较 不符合	有点 不符合	不确定	有点 符合	比较 符合	完全 符合
31	重新设计部门或组织，以更好地满足长期目标和变化							
32	校准当前的行动与战略目标							
33	在长期发展方向的指引下，评估短期的日常任务							
34	监测战略目标的进展情况							
35	评估战略目标的结果							
36	通过衡量成本和效益来决定关键的行动							
37	一旦有可能就致力于风险投资							
38	一旦有合适的时机，决不让风险投资失败							
39	具有强大的内在动力							
40	致力于长期的企业目标							
41	通过多渠道进行学习							

序号	项目	完全不符合	比较不符合	有点不符合	不确定	有点符合	比较符合	完全符合
42	积极主动学习							
43	在自己的领域尽可能多地学习新知识							
44	知晓所在领域的最新进展							
45	将所学的知识与技能运用到实践中							
46	保持高度活力							
47	自我激励,以达到最佳表现水平							
48	对建设性的批评做出回应							
49	保持积极的态度							
50	按照任务的优先级来管理自己的时间							
51	识别自己的长处和短处,并将其与机会和风险相匹配							
52	管理自己的职业发展							
53	认识并改进个人缺点							

【教学活动2】

创业能力测试

活动说明：

1. 当你想要拥有一个自己的公司的时候，有必要先进行这个测试，它可以帮助你判断你自己是否适合创业？你具有多少创业者潜力？当然，这个测试结果仅供参考，因为决定一个人创业能否成功要受到好多因素的制约。

2. 本测试根据一系列陈述句组成。请认真阅读题目，根据你的实际情况来选择最符合你的描述。

3. 在选择时，请根据你的第一印象来回答。不要做过多的考虑，并在符合你的情况的括号里画"√"

创业能力测评表

序号	内容	结果
1	是否曾经为了某个理想而设下两年以上的长期计划，并且按计划进行直到完成？	
2	在学校和家庭生活中，你是否在没有师长和亲友的督促下，就自动完成分派的任务？	
3	你是否喜欢独自完成工作，并做得很好？	
4	当你与朋友在一起时，你的朋友是否常寻求你的指导和建议？你是否曾被推举为领导者？	
5	在你以往的经历里，有没有赚钱的经验？你喜欢储蓄吗？	
6	你是否能够专注地做自己感兴趣的事连续10小时以上？	
7	你是否习惯保存重要资料，并且井井有条地整理，以备需要时可以随意提取查阅？	
8	在平时生活中，你是否热衷于社会服务工作？你关心别人的需要吗？	
9	是否喜欢音乐、艺术、体育以及其他各种活动？	
10	在此之前，你是否带动其他人员，完成过一项由你领导的大型活动或任务？	
11	喜欢在竞争中生存吗？	
12	当你在别人的管理下工作时，发现其管理方法不当，你是否会想出适当的管理方式并建议改进？	
13	当你需要别人的帮助时，是否能充满自信地提出要求，并且能说服别人来帮助你？	
14	在你筹款或者义卖时，是不是充满自信而不害羞？	
15	当你要完成一项重要工作时，是否总是给自己留出足够的时间仔细完成，而决不让时间虚度，在匆忙中草率完成？	
16	你参加重要聚会时，是否会准时赴约？	
17	是否有能力安排一个恰当的环境，使你在工作中能不受干扰，有效地专心工作？	

续表

序号	内容	结果
18	你交往的朋友中，是否有许多有成就、有智慧、有眼光、有远见、老成稳重型的人？	
19	你在学习或团体中，被认为是受欢迎的人吗？	
20	你自认是理财高手吗？	
21	你是否可以为了赚钱而牺牲自己的娱乐？	
22	是否总是独自挑起责任的担子，彻底了解工作目标并认真地执行工作？	
23	在工作中，是否有足够的信心和耐力？	
24	能否在很短的时间内，结交许多新朋友？	
	总分填入右侧格中	

4. 评分标准：答"是"得 1 分；答"否"不得分。

5. 测评结果分析：

0～5 分，目前不适合创业，应当训练自己为别人工作，并学习技术和专业。

6～10 分，需要在别人指导下去创业，才会有成功的机会。

11～15 分，适合自己创业，但必须在所有"否"的答案中，分析出自己的问题并加以纠正改进。

16～20 分，非常适合创业，足以使你从小事业开始，并从妥善处理中获得经验，成为成功的创业者。

21～24 分：有无限潜能，只要把握时机和运气，可能将是未来的商业巨子。

【案例分析 1】

从顽皮少年到商界大侠

马云，中国电子商务网站的开拓者，阿里巴巴网站创始人。从小到大，马云不仅没有上过一流的大学，甚至连小学、中学都是三四流的。1984 年，历经辛苦的马云终于跌跌撞撞考入杭州师范大学外语系。毕业后，他来到杭州电子科技大学成为一名大学英语教师。

1991 年，马云和朋友成立海博翻译社。结果，第一个月就净亏 1300 元，就在大家动摇的时候，马云坚信：只要做下去，一定有前景。总结经验教训之后，他们决定先以最原始的小商品买卖来维持运转。于是，马云开始一个人背着个大麻袋到义乌、广州去进货，翻译社开始卖礼品、鲜花。

1995 年初，马云偶然去美国，对电脑一窍不通的他开始接触并认识互联网。出于好奇，他请人做了一个翻译社的网页，没想到，3 个小时就收到了 4 封邮件。敏感的他意识到：互联网必将改变世界！随即，马云萌生了做一个网站，把国内的企业资料收集起来放到网上向全世界发布的想法。

此时，全球互联网刚刚发展，而杭州尚未开通拨号上网业务，于是，马云用互联网开公司、下海、盈利的想法立即遭到了亲朋好友的强烈反对。"我想了一个晚上，第二天早上还是决定干，哪怕大家全反对我也要干。""我觉得做一件事，无论失败与成功，经历就是一种成功，你去闯一闯，不行你还可以掉头；但是你如果不做，就永远没有成功的机会。"就这样，刚刚步入而立之年、已是杭州十大杰出青年教师的马云毅然放弃了在学校的一切地位、身份和待遇，开始下海经商。

1995 年 4 月，马云和妻子再加上一个朋友，凑了两万块钱，成立了专门给企业做主页的"海博网络"公司，这是中国最早的互联网公司之一。3 个月后，随着上海正式开通互联网，马云的公司业务量激增，先见之明为他带来了丰厚的利润。不到 3 年，马云就轻轻松松地赚了 500 万元，并在国内打响了知名度。

1997 年，在国家外经贸部的邀请下，马云带着自己的创业班子挥师北上，建立了外经贸部官方网站、网上中国商品交易市场、网上中国技术出口交易会、中国招商、网上广交会、中国外经贸等一系列国家级站点。

1999 年 3 月，马云和他的团队回到杭州，凭借 50 万元人民币在一家民房里创办了阿里巴巴网站。当时，互联网的电子商务基本上是为全球顶尖的 15% 大企业服务的，但马云毅然作出决定，只做 85% 中小企业的生意，其发展方向是为商人建立一个全球最大的网上商业机会信息交流站点。

阿里巴巴所采用的独特 B2B 模式，即便在美国，也难觅一个成功范例。因而，网站很快引起美国硅谷和互联网风险投资者的关注。网站注册成立一个月后，由高盛牵头的500 万美元风险资金便立即到账；1999 年底，马云又以 6 分钟的讲述获得有"网络风向标"之称的软银老总孙正义 3500 万美元的风险投资；2000 年 1 月，网站引入了全球首屈一指的互联网投资者——软库 2000 万美元的投资；2004 年 2 月，总额 8200 万美元私募成功。此时，阿里巴巴已有 10 亿元现金在手，可以和国内任何一家门户网站并驾齐驱。

有了资金的支撑，马云首先从中国香港和美国引进大量的外部人才，并与软库合作开发拥有日文、韩文及多种欧洲语言的当地阿里巴巴国际贸易网站；2003 年 5 月，公司投资 1 亿元推出个人网上交易平台——淘宝网；2004 年 7 月，又追加投资 3.5 亿元，用以打造全球最大的个人交易网站；2003 年 10 月，阿里巴巴创建了独立的第三方支付平台——支付宝。

　　事实证明，风险投资家对马云的判断是准确的。创业当年，阿里巴巴的会员就达到了 8.9 万，在 2001 年互联网的严冬季节，公司依然实现了百万会员的目标，并成为全球首家超过百万会员的商务网站，目前的会员总数已经超过 350 万。淘宝网在 2004 年全球权威 Alexa 对全球网站综合排名中位居前 20 位，在中国电子商务网站中排名第 1。截至 2005 年 3 月，通过支付宝在淘宝网的日均交易额已超过 350 万元人民币，而且增势依然十分迅猛。

　　马云被著名的"世界经济论坛"选为"未来领袖"，被美国亚洲商业协会选为"商业领袖"，是 50 年来第一位成为《福布斯》封面人物的中国企业家，并曾多次应邀为全球著名高等学府，如哈佛大学、麻省理工学院等讲学。

　　2014 年 9 月 19 日，马云的阿里巴巴集团在美国纽交所上市。2014 年 12 月 12 日，彭博社亿万富翁指数公布的数据显示，马云的个人资产已经超过中国香港富豪李嘉诚，成为新的亚洲首富。2015 年 4 月，马云成为新一届中国首善，累计捐赠额达 124 亿元。

　　在马云的办公室里，高高悬挂着金庸先生手书的题词——"临渊羡鱼，不如退而结网"。细品马云的创业足迹，这个题词点到要害，这正是马云步步成功的秘诀。"如果马云能够创业成功，我相信 80% 的年轻人都能创业成功。"马云这样叮嘱当下的创业者。

　　思考与讨论：请你谈谈马云创业成功的内部和外部因素各有哪些？他在创业过程中表现出来的关键能力有哪些？

【案例分析 2】

磨刀不误砍柴工

　　有一天，一个林场老板接待了一名要求工作的年轻人。这名年轻人要求林场老板给他全林场最高的工资，因为他说自己是最优秀的伐木工人。

　　"很好，年轻人，我佩服你的勇气。不过我不知道，你愿不愿意接受一个考试。如果你考试通过了，你的愿望就会得到满足。"

　　"好，考什么，尽管说吧。我不怕！"

　　"你如果 1 天能砍 20 棵树，我就同意你的要求。"

　　年轻人想了想，我平常一天最多能砍 16 棵树，不就是多砍 4 棵吗？辛苦一点儿，我一定能够做到！于是他说："好，一言为定！"

第二天，年轻人很早就起床了。他背上磨好的斧头和干粮，打算大干一场。这一天，他努力伐木，平常他总是在上下午各休息一次，加上中午吃饭的时间，总共休息3次。可是这一次，他只是在午饭和下午的时候休息了一下。太阳落山后，他把砍好的树运到林场老板那里，一数，只有19棵。他立即对林场老板说："你放心，我明天一定会完成任务的。"

林场老板点了点头，没说什么。

第二天，年轻人起得更早，更加努力地工作，除了午餐一会儿都没有休息。可是太阳落山时，一数，只有18棵。

晚上，年轻人感到无比难过。明天是最后一次机会了，问题出在哪里呢？他决定明天再搏一搏。

第3天，他起得更早，来到山上时，大阳还没有出来呢。他二话不说就干起来。为节省时间，他连水都很少喝，这样就可以减少小便的时间。

一天苦干，苦干一天。

大阳下山，成绩令人十分吃惊，还不到他平常能够做到的水平，只有15棵。他十分沮丧，默默地拿起自己的铺盖卷准备走人。"别那么着急，年轻人。坐下来聊聊。"林场老板阻止他说。"你分析过每天伐木数量减少的原因吗？"

"我一开始认为可能是由于休息的时间太多，可是我减少了休息的时间。现在我想，可能是我的能力确实不行吧！"

"你有没有想过可能是由于你的斧头已经不能适应这么大的工作量了？你最近一次磨斧头是多久以前？"

"啊？是啊！我已经4天没磨过斧头了。"

思考与讨论：在林场老板点明原因以前，你的猜想是什么？为了实现"磨刀不误砍柴工"的效果，在创业之路上，你觉得应该实现什么样的转变？

第 3 章　创业团队

【概念解析】

创业团队是一个特殊的团队,因为它是基于一定事业型目标的、注重自我价值实现人员组成的团队;创业团队工作绩效往往大于所有员工独立工作绩效之和;创业团队往往是高层团队的基础和最初形式。好的创业团队往往拥有一个共同的任务和目标,即创业的未来远景或蓝图,成员之间的知识技能具有互补性,能够同舟共济,共同承担风险与责任。

创业团队是高潜力创业企业的关键要素。投资者很容易被史蒂夫·乔布斯(Steve Jobs)等有创造力的公司创业带头人所吸引,而且这些投资者愿为拥有优秀业绩记录、万众一心的管理团队下赌注。著名美国风险投资管理专家约翰·多尔(John Doerr)曾说过:"在当今世界,有的是技术、创业者、资金和风险资本,真正缺少的是优秀的管理团队。与拥有一流创意的二流创业团队的企业相比,我更喜欢拥有二流创意的一流创业团队。"在绝大多数情况下,一个企业如果没有一支由两个以上关键贡献者组成的团队,是很难成长的。

我们认为可以从两个层面理解创业团队。狭义的创业团队是指有着共同目的、共享创业收益、共担创业风险的一群经营新成立的营利性组织的人,他们提供一种新的产品或服务,为社会提供新增价值。广义的创业团队不仅包括狭义的创业团队,还包括与创业过程有关的各利益相关者(比如风险投资商、供应商、专家咨询团体等),他们在新创企业成长过程的某几个阶段中起着至关重要的作用,同时也为社会提供了一定的新增价值。

创业团队具备五个关键因素,这些要素所对应的英语词汇首字母均为 P,因此又被称作创业团队的 5P 模型(见图 3-1)。

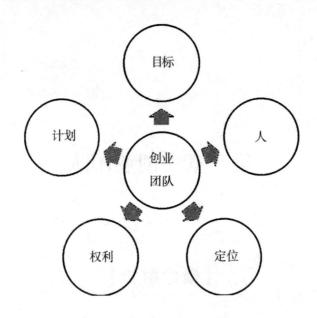

图 3-1　创业团队的 5P 模型

【教学活动 1】

迷 失 丛 林

活动目标：通过具体活动来说明，团队智慧高于个人智慧的平均组合，只要学会运用团队工作方法，就可以达到更好的效果。

活动道具：迷失丛林工作表及专家意见表。

活动形式：先以个人形式，之后再以小组形式完成。

活动步骤：

1. 老师把"迷失丛林"工作表发给每一位学生，然后讲下面一段故事：

你是一名飞行员，但你驾驶的飞机在飞越非洲丛林上空时突然失事，这时你必须跳伞。与你一起落在非洲丛林中的有 14 样物品，这时你必须为生存做出一些决定。

2. 在 14 样物品中，先以个人形式把 14 样物品以重要顺序排列出来，把答案写在第一栏。

3. 当大家都完成之后，老师把全班同学分为 5 人一组，让他们开始进行讨论，以小组形式把 14 样物品重新按重要顺序再排列，再把答案写在工作表的第 2 栏，讨论时间为 20 分钟。

4. 当小组完成之后，老师把专家意见表发给每个小组，小组成员将把专家意见转入第3栏。

5. 用第3栏减第1栏，取绝对值得出第4栏，用第3栏减第2栏得出第5栏，把第4栏累加起来得出一个个人得分，第5栏累计起来得出小组得分。

6. 老师把每个小组的分数情况记录在白板上，用于分析：小组个人得分、团队得分、平均分。

迷失丛林游戏统计表

物品清单		个人排序	小组排序	专家排序	个人与专家比较（绝对值）	小组与专家比较（绝对值）
A	药箱					
B	手提收音机					
C	打火机					
D	3支高尔夫球杆					
E	7个大的绿色垃圾袋					
F	指南针					
G	蜡烛					
H	手枪					
I	一瓶驱虫剂					
J	大砍刀					
K	蛇咬药箱					
L	一盆轻便食物					
M	一张防水毛毯					
N	一个热水瓶（空的）					
绝对值总计						

【教学活动2】

棉 花 糖 塔

活动目标：通过具体活动来说明，熟练运用团队分工协作的方法可以使创业活动达到更好的效果。

活动道具：放在牛皮纸袋中的20根未经煮熟的意大利面条、胶带、用手易折断的1米长的细绳（若绳子太粗则配备剪刀）、标准尺寸的棉花糖、测量尺、码表或倒数计时设备（最好投射在屏幕上，以便学生及时看到倒数计时，如方便，可在计算机上使用在线码表）。

活动过程：4～6人一组，采取小组竞争的形式，看哪一组能运用现有材料建造最高的独立结构来支撑顶端的棉花糖。获胜小组是指课桌最高表面到棉花糖顶部距离最长的结构的创造小组（不能从更高结构上悬挂，如椅子、房顶或吊灯），通过练习用来例证在不确定环境中创业者采用试验和迭代学习的方法发现有关环境的信息，强调进入新的未知环境时市场测试和实验的重要性。

第一步：

将工具箱分发给每个组，介绍任务挑战，解释清楚棉花糖挑战的目标和规则，告诉学生们在全球范围内已经有好几万人完成过这个挑战，人群分布从儿童到公司总裁。

第二步：

1. 启动闹钟开始挑战，在教室内走动并观察不同小组采用的流程。

2. 提醒各小组时间，当时间变短后，提高提醒频率（例如，可在距离最终时间9分钟、5分钟、3分钟、2分钟、1分钟、30秒和之后每隔10秒的时候提醒一次）。

3. 大声喊出各小组是如何做的，让所有小组知道其余小组的进展，建立一种友好的竞争氛围，并鼓励人们环视四周。

4. 提醒各小组若对塔结构采用人工支撑的话将被取消资格，获胜的塔结构必须是稳定的（小组通常会在最后时刻将棉花糖置于塔结构顶部，往往会导致结构被压垮，因此在最后会有强烈的愿望来选择人工支撑他们的结构）。

第三步：

1. 闹钟计时结束后，要求所有成员在各自位置上坐好；

2. 按照从最矮到最高的顺序测量各组棉花糖塔的站立结构，大声喊出其高度并记录高度数据；

3. 宣布获胜小组。

第四步：

教师基于在挑战过程中观察到的小组情况，询问某些小组搭建结构的流程。

注意事项：

1. 整个棉花糖须位于结构的顶部，切除或吃掉部分棉花糖意味着该小组被取消资格。

2. 按照自己的选择使用工具中的材料，但是不能使用纸袋作为结构的一部分（例如，可以全部使用 20 根意大利面条，也可以不全部使用，细绳或胶带也是如此）。

3. 依据自己的选择，可自由折断意大利面条、细绳或胶带来创造新结构。

4. 挑战时长为 18 分钟，当时间截止后，继续搭建的小组将被取消资格。

5. 一定要确保每个人都了解规则，至少要重复 3 次，正式挑战活动开始前询问是否有人不明白规则。

通常会发现有些小组花费大量时间计划最终反而失败，而那些通过试错进行试验和学习的小组一般会做得更好，即首先从结构坍塌的小组开始，课堂效果会更好。

例如，在搭建结构时你们使用了什么流程？

——花费大量时间进行计划和草绘最终反而失败，问题出在哪里？

——突出与未知因素有关的问题，如意大利面条能承重多少或相对于结构棉花糖有多重？

你如何应对这种情况？

——指出事实：缜密的计划没有给从体验中进行调整和学习留下多少空间，由此导致了"危机"。

注：在成功的团队中重复上述问题，努力捕捉各小组之间的差异和共性。

该挑战的创造者汤姆·伍捷克（Tom Wujec）在对不同类型的小组展开的多次挑战中发现：

1. 最佳执行者一般是工程师，他们理解结构和压力，因此对他们而言这是一种更为确定的环境；

2. 最差执行者一般是刚毕业的商学院学生，他们往往考虑到有限的关于结构的知识，并处于一种极不确定的环境中；

3. 排在工程师之后的最佳执行者是刚毕业的幼儿园学生，他们也处于不确定环境之中，但他们更倾向于会通过试验来看什么会起作用，从中学习并在原有基础上创建更有趣的结构。

关键要点：

1. 在不可知环境中，采取行动要胜于制订计划。

2. 从小规模试验和试错中学习可以产生更独特的方案（特别是当未来不能预测时）。

3. 失败可以为改进产品或服务提供重要的洞见。

【教学活动3】

七 巧 板

活动目的：培养团队成员之间主动沟通的意识，体验有效的沟通渠道和沟通方法。鼓励团队成员之间要加强合作，加强信息与资源共享，通过加强资源的合理配置来提高整体价值，合理处理竞争关系，实现良性循环。

活动道具：椅子7组，每两组间的椅子间隔为两个臂展，仅能指尖碰到即可；七巧板35块：5种颜色，每种7块（大三角2块、小三角2块、中三角1块、正方形1块、菱形1块）；任务书、图样各7套；记分表、白板、白纸、红笔、黑笔。

活动规则：

1. 椅子是固定的，不可以移动；

2. 所有人的身体不可以离开所在的椅子；

3. 器械不可以在空中抛接，只能手递手传递。

活动过程：将团队队员分成7组。发放七巧板，可按颜色分、形状分，也可打乱分，每组5块。教师要记住第1组学员，依次排序至第6组，中间为第7组，按顺序发任务书、图样。在规定时间内，每组队员按照任务书的要求完成任务。每完成一项任务后请举手告知，教师确认后，登记相应的分数。

注意事项：

1. 教师要在课前在大白纸或白板上把记分表画好。

2. 活动进行过程中，留意观察每一位学生的表现，尤其是表现突出的学生；提醒学生不要离开自己的位置；注意项目时间，必要时加以提醒。

3. 教师得到学生组好图形的示意后，确认组别和所组的图形，然后把相应的得分记在记分表的相应位置。记分表第一行标的一至七分别对应图一至图七，八对应的是周围六组组的长方形，九对应的是周围六组组的正方形。第七组的第一个格记录的分数为周围六组总分的10%，第二个格记录的是周围六组组成的正方形数乘以5后的分数。注意，正方形只有五个有分，所以周围六组肯定有一组没有正方形的分数。

4. 计算团队总分，如果达到 1000 分，宣布项目成功，没有达到则项目失败。根据任务书的记分规则，如果所有图形在规定的时间内都组好了，总分应该是 1046 分。

5. 活动回顾阶段，努力让每一位学生都发言并给予充分肯定；注意第 7 组学生的表现；鼓励学生之间相互分享，注意培养学生的团队学习精神；要求每位学生都能自始至终地参与活动；可以引导学生对其他同学的表现加以评价并发表自己的看法。

思考与讨论：各组可以给自己打多少分？大家是否知道满分是多少？任务是多少分？得了多少分？有什么感想？拼一个正方形是多少分？

	一	二	三	四	五	六	七	八	九	总分
一组										
二组										
三组										
四组										
五组										
六组										
七组										

一组任务书（一、三、五组任务相同）

你们组的任务是：

1. 用五种颜色的图形分别组成图一至图六，每完成一个图案将得到 10 分。（每个图形须五种颜色）

2. 用同种颜色的图形组成图七，完成后将得到 20 分。

3. 用三种颜色的七块图形组成一个长方形，完成后将得到 30 分。

每完成一个图案请通知培训师，培训师确认后，将登记分数。

二组任务书（二、四、六组任务相同）

你们组的任务是：

1. 用同种颜色的图形分别组成图一至图六，每完成一个图案将得到 10 分。

2. 用五种颜色的图形组成图七，完成后将得到 20 分。

3. 用三种颜色的七块图形组成一个长方形，完成后将得到 30 分。

每完成一个图案请通知培训师，培训师确认后，将登记分数。

七组任务书

你们组的任务是：

1. 领导团队在规定的时间内完成任务，达到 1000 分的目标。

2. 指挥其他各组成员，用所有的 35 块图形组成 5 个正方形，每个正方形必须由同种颜色的 7 块图形组成。每完成一个正方形，你将得到 20 分，组成正方形的那个组将得到 40 分。

3. 支持其他各组成员，在规定时间内得到更多的分数，其他各组总分的 10% 将作为你们的加分奖励。

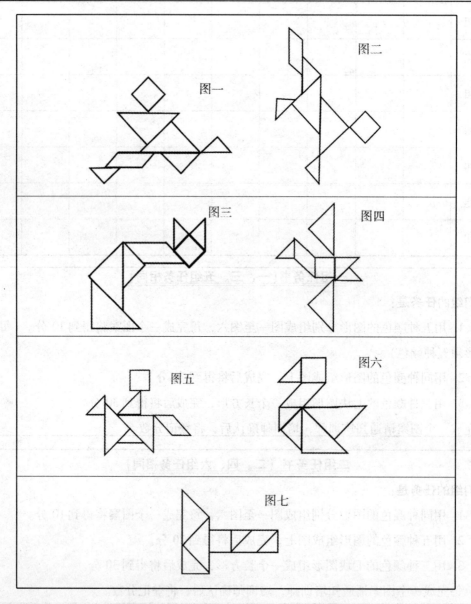

图一 图二 图三 图四 图五 图六 图七

【教学活动4】

信 任 之 旅

活动目标：通过活动让团队成员体验责任、信任、沟通的重要性，增强团队意识，懂得在某种环境下建立起对伙伴的信任。

活动道具：眼罩、皮筋、凳子等障碍物、背景音乐。

活动准备：教师事先选择好盲行路线。旅程的设计应该有跨越、下蹲、上下楼梯等多种障碍。学生准备好眼罩。挑选四名学生作为老师助手协助完成本次活动，2名助手2名观察员。

活动规则：

1. 每两个学生为一组，分别扮演"盲人"与"聋哑人"，两人相互帮扶，共同穿越障碍路线。

2. "盲人"戴上眼罩后原地转3圈，失去方向感后体验盲人的无助。

3. "盲人"旅行过程中，"聋哑人"牵着"盲人"手前行，只能用肢体动作引导。

4. 在"盲人"与"聋哑人"角色互换的旅行中，不能选择原来的伙伴。

活动步骤：

1. 班级学生一半扮演盲人，盲人戴上眼罩原地转3圈，另一半扮演帮助盲人的"聋哑人"，由"聋哑人"帮助"盲人"完成室外有障碍的旅行。完成后交换角色，重新选择队友再行体验。

2. 学生分享活动中的体验，教师对学生的感言给予反馈。

3. 活动点评：在学生分享活动体验后，教师对"盲人"与"拐杖"在活动中的表现及他们的感言做点评。在角色扮演中，学生体会到了作为一个盲人在障碍面前的无助、孤独甚至恐惧，内心特别渴望得到帮助与支持。"聋哑人"的出现是"盲人"的"救命稻草"。但做好"拐杖"也不是简单的事情，要从他人的角度出发考虑问题，考虑他人的实际需要。"盲人"只有对"聋哑人"信任，才能心底坦然、步履从容。而通过"盲人"与"拐杖"角色互换，可以帮助学生反思自己在帮助他人与信任他人中的不足，进一步体验信任与被信任的欣慰与快乐。

活动反馈：

1. 每位参与活动的学生可以写下体会；部分学生分享。

2. 从活动中思考以下几个问题：

（1）当我扮演"盲人"时是什么感受？我是否信任我的"聋哑人"拐杖？为什么？

（2）当我扮演"聋哑人"时是什么感觉？我是否尽心帮助"盲人"完成这次旅行？

3. 猜猜这次活动中谁是你的"聋哑人"拐杖？

活动分析：

1. 盲人与拐杖活动过程中不允许用语言交流，最好配置适当的背景音乐。不允许使用语言交流，使学生不得不运用肢体语言交流；可以使"聋哑人"传达对"盲人"的关心，"盲人"也能更好地体会在黑暗中"聋哑人"给予的帮助。这样可以使学生尽快集中注意力进入到活动情境中去。同样，背景音乐的运用也能促使学生更快地进入活动情境。

2. 在角色互换的旅行中，"盲人"与"聋哑人"最好任意组合，"盲人"事先不知道"聋哑人"是谁。如果"盲人"事先知道搀扶自己的"聋哑人"是哪位同学，就会影响到"盲人"对"拐杖"的判断，他的"旅行"就事先有了某种程度的信任感（或者不信任感），就会直接影响到活动效果。例如，"聋哑人"是"盲人"比较熟悉的同学，在穿越旅行中，"盲人"就会比较放心。

3. "盲人"戴上眼罩后原地转3圈，失去方向感后体验盲人的无助。"盲人"戴上眼罩转3圈后失去方向感，容易造成对周围的陌生感，这时候会期待有人来帮忙，所以有利于活动者进入情境。此外，在等待的过程中也会产生一种孤独感，如果"聋哑人"能及时过来搀扶他，自然会有一种发自内心被关照的幸福感。

4. "盲人"与"聋哑人"无法进行语言沟通，但肢体可以沟通。预示着在实际工作、生活中，有效的沟通方式显得非常重要。

思考与讨论：信任在团队组建中起到怎样的作用？可否结合现实生活中的创业案例加以说明？

【案例分析1】

西游记中的团队精髓

在中国古典名著当中也折射出很多"优秀创业团队"的影子。如《三国演义》当中的"刘关张"团队，《水浒传》当中的梁山泊 108 将，《西游记》当中的唐僧团队。尤其是《西游记》中的唐僧团队，不仅家喻户晓，而且是中国文化的集中代表。唐僧四师徒虽然性格迥异，却历经百险，团结一致，坚定地朝目标前进，最终求取真经，可以说唐僧团队是经典的团队组合。由不同风格成员组成的企业团队，尽管会发生矛盾，但他们之间优势互补却又目标一致，更容易取得成功。简而言之，唐僧团队主要包含四种角色：德者、能者、智者、劳者。

德者居上——唐僧无疑就是团队里面的领导人和核心，他目标明确、品德高尚，负责传达上级命令，督促下属工作，对下属的表现做出评判和考核。然而，在整个团队里，他并不是能力最出色的，决策能力也不见得很强，但对于要完成的任务坚持到底。他能力一般为什么却能掌控整个团队的管理呢？首先，因为唐僧拥有明确的目标和坚定的意识，他能够在各类情况下，反复强调西天取经的目标，不让团队方向有所偏离。这同样适用于企业领导，制定目标和贯彻落实是迈向成功的第一步。其次，以权制人，权威无私。在取经路上，唐僧一直都以取经为根本目标，毫无私心、以身作则，并且在孙悟空不听使唤时，及时使用紧箍咒制服他。同样，企业领导要一切以团队利益为准，树立权威，必要时使用权利制衡员工的反抗。除了强硬的约束措施，唐僧最重要的本领还是他的高尚品德，凭其人格魅力感化徒弟，让徒弟们心服口服。作为企业领导者，利用规章制度、金钱利诱来约束和管理员工是短期低效的，只有以其人格魅力、企业文化来感染员工，增强员工归属感和忠诚度，才能从根本上让员工心甘情愿地为企业和团队服务。

能者居前——孙悟空能力无边、个性率直、想法多端、行动灵活，可谓是团队内的优秀人才。然而，孙悟空却欠缺自我约束力、团队合作精神和全局决策能力。可以说，孙悟空是能力超强的执行者，却不能成为运筹帷幄的管理者。也只有这样才形成一个优秀的团队，因为如果团队里同时存在两个优秀管理者必定会造成冲突矛盾。因此，对于孙悟空这种能力超强的人才，重点是要懂得管理以及提升他的忠诚度，一方面要靠规章制度的硬性约束，另一方面要靠日积月累下企业文化和领导的艺术。

智者在侧——关于猪八戒的评价褒贬不一，但他在团队中却是不可或缺的角色，虽然他好吃懒做，但是干起活儿来也保质保量；虽然他自私自利，但会坚持大立场；虽然他喜欢打小报告，但也不会无中生有；虽然他奉迎领导，但也愿意与群众为伍。还有八戒的协调能力是孙、沙二人不具备的：时而劝服孙悟空继续西行；时而替孙悟空跟师傅说情，从这些点我们看到，团队里是不能缺少八戒式的员工。且不说猪八戒不俗的战斗力，他在团队中最重要的作用就是协调各方，为整个团队的工作氛围带来活力。这类型员工虽然没有宏大目标、过人能力，但也能按时按质完成工作任务，并且给团队增添活力和欢乐，所以说在团队里也是重要角色。

劳者居其下——最后就是沙僧了，也许有人觉得沙僧作用不大，但是试想没有了沙僧，唐僧团队完整吗？沙僧能力一般，但忠心耿耿、工作踏实、任劳任怨、心思缜密，并且有良好的团队合作精神。这种角色虽然不会有大作为，但是团队运行也离不开他。

由此看来，唐僧团队之所以被奉为经典离不开他们四个角色之间的优势互补，除了互补性强之外，他们目标一致、团结融洽也是他们成功的关键。然而，有人认为唐僧团队仅在故事中看似成功，在现实企业环境中却有很大局限性。细品《西游记》，可以发现唐僧团队在很多时候都受到神力帮助，这样的一种团队过于理想化。在现实生活中，能力一般的领导未必能稳坐位置；面对其他团队的竞争，三个徒弟也未必能坚定不移，不怀私心；团队每个成员也不能像唐僧团队一样仅靠精神力量作为支柱。虽然，唐僧团队利弊参半，但是以这样的团队组合来看，我们应该认识到成功的团队必须要每个成员有一致的目标，在性格、能力上形成优势互补，在领导有效的带领下明确分工，形成团结一致的工作动力，坚定向目标前进。

思考与讨论：如果把唐僧赴西天取经比作一次创业行为，那么唐僧团队的精髓是什么？试着分析中国古典名著中优秀团队的特点，如果让你选择，你会选择哪个团队？为什么？

【案例分析2】

钉钉硬件团队在马云私宅的创业故事

9月末的杭州，满城桂花飘香。西湖区文一西路176号的一处民宅里灯火通明，深夜的微凉，丝毫没有影响里面激烈讨论的人们。产品经理樱木和商务拓展由芝在一个问题上争执不下，内容是关于产品量产的时间问题。

小区名字叫湖畔花园，这里没有湖，也不是花园。房子就是普通的三室一厅老式公寓房，里面却挤进了30多人。客厅和卧室已经放满桌椅，连不到3平方米的阳台上也坐了四个人。夜已深，屋里人们围在一款硬件设备前面，目光依然矍铄。

由芝入职第一天，先去阿里巴巴西溪园区报到，觉得办公条件很不错；下午她到了钉钉在龙章大厦的办公地，感觉条件也还凑合；而等她推开湖畔花园寓所的门时，她倒吸了一口凉气，条件之简陋，以为自己进入了一个传销窝点。让由芝倒吸凉气的还不止于此。她加入的是钉钉的硬件团队，团队在此闭关开发的是一款硬件产品，从研发到上市的周期不到同类产品的一半，根本就像是"不可能完成的任务"。

产品经理海君的感受则不同，作为已经在阿里巴巴工作七八年的"老阿里"。于他来说，这里就是"创业圣地"，是个充满传奇色彩的地方。

湖畔花园，马云当年在此开创出阿里巴巴。

14 年前，26 个人在此封闭秘密开发，淘宝网随后一飞冲天；

4 年前，菜鸟孵化成功，让中国人物流最后一公里无忧；

3 年前，同样是秘密团队入驻，8 个月后，钉钉横空出世；

现在，钉钉硬件团队已经在此闭关近一年。

不可能完成的任务

在人们眼中，钉钉是一款专注于工作沟通协同的软件，钉钉做硬件，像是"越界"。而在钉钉 CEO 陈航（花名无招）眼中，没有"越界"这一说。"我们解决的是客户痛点，不论是硬件还是软件，只要是共创过程中客户所需要的，就是我们愿意提供的。"无招口中的"共创"是指产品的所有功能设计都来源于客户需求，而不是自己臆想。

"共创"是钉钉深入骨髓的特色，钉钉产品本身就诞生于和客户的一次共创之中。现在所有的钉钉员工都要定期进行"共创"，了解客户需求。

海君他们要做的 M2 产品钉钉智能前台，也是在同企业的共创之中酝酿出来的。很多企业特别是制造型企业，工作条件复杂，不少从业人员的指纹被磨得很难识别，指纹考勤非常不准确；对于统计人员来说，考勤信息导出烦琐，要占据很多工作时间；市面上的产品，不是功能较差，就是价位很高。"定价合理，功能强大"的人脸识别考勤机就是客户所需要的。

另外一款产品 C1 钉钉智能通讯中心，同样来自同企业的共创。产品经理毫大在多家企业观察发现，内部无线网络信号差、网速慢、有死角，路由器设置复杂、出了问题也不知如何排查，是很多企业日常办公中非常头疼的问题，而且企业的硬件设备之间都是孤立的，缺乏一个统一的智能连接中枢。

了解到企业痛点，硬件研发经验并不丰富的钉钉团队马上开始行动。"两款产品同时开发，要尽快满足客户需求，开发周期不到同类产品的 1/2。"这看似不可能完成的任务，压在了钉钉硬件团队负责人易统身上。

坚持不懈的突破

和软件开发不同，要想在短时间内完成上市，硬件研发受到标准、制造流程和产能等诸多因素的刚性限制，很多瓶颈看起来无法逾越。

项目开始时，易统带领着团队不停地奔波于硬件制造厂家和部件供应商之间，很多厂家一听他们给出的时间点，都禁不住嘿嘿一笑，觉得根本不可能完成。

戴个眼镜，显得文质彬彬的易统，骨子里有股狠劲，"别人越说不行，我越要试试看"。不懈的坚持有了结果，硬件合作伙伴和供应商逐一敲定下来。

这只是万里长征第一步。随后，硬件散热问题、摄像头问题、成本控制问题、算法优化问题、产品体验问题，一个个远超想象的困难在等待着这个团队。易统说面对困难，"我们要做的就是不停地突破、再突破！"

M2 钉钉智能前台的设计师致远介绍了 M2 底座的整个设计过程。"别看一个小小的支架底座，我们改了不下 20 稿。"工艺上面不过关，他们就到处去找能过关的工厂，成本降不下来，就再调整设计思路，直到最终找到满意的解决方案。

成则举杯相助，错则拼死相救

时间紧，任务紧张，湖畔花园的钉钉员工都有些"拼命三郎"的感觉。作为硬件初始团队中唯一的女性，由芝被称为"湖畔之花"。身为商务拓展，由芝四处奔波见各种客户，用她的话来说就是"腿都跑细了"。有次去见供应商时，由芝不小心摔了一跤，大大咧咧的她并没在意，"过了几天，有同事说你的脚都黑了，我后来才发现是骨折"。

阿里巴巴信息平台的几位同事参与到了 C1 钉钉智能通讯中心的研发之中，在湖畔花园同钉钉团队一起开发。信息平台主管禹之介绍说，在湖畔花园的工作强度不是一般的大，"在湖畔花园的一位同事，我有两个月没见到，后来碰到他，他头发已经长到脖子了"。

魔点科技是此次 M2 钉钉智能前台的合作伙伴，CEO 肖传宝介绍说，当时决定同钉钉合作，看中的正是钉钉的这一份"不服输，往前冲"的精神。

肖传宝说做硬件都有一些固有的惯性思维，和钉钉合作以后，他们也在不停地突破原有思维模式和极限。魔点科技的硬件团队在湖畔花园同钉钉团队一起工作，经过这场合作，肖传宝感觉自己的团队好像变了一个团队，遇到困难不是互相埋怨，而是先想如何解决，"怨言少了，建议多了"。

"成则举杯相助，错则拼死相救"，这是肖传宝同钉钉团队合作之后感触最深的一句话。

那些打不倒你的，只会让你更强大

对于 M2 钉钉智能前台的研发团队来说，2017 年 8 月 15 日是一个重要节点。按照计划排期，这个时间要交付第一批样机拿到企业去共创。软件出了问题可以升级，硬件卖出去，出了问题就是事故。因此硬件产品和客户的第一次见面，显得格外重要。

那段时间整个团队的压力都很大，连续加班，每天都工作到深夜或是凌晨，"别说老婆，回去连狗都不认识我了"，海君调侃道。工作忙，压力大，他们也会用特有的方式放松一下。下下四国军棋，嗑嗑瓜子，吃吃烧烤，都可以调节一下紧张的工作节奏。

"丑媳妇"终于第一次要见公婆，8 月 15 日，第一批样机如期交付。海君不会忘了第一次带着产品去工厂里共创的过程。当他把 M2 钉钉智能前台调试好，当工人们纷纷围拢过来，当他们对着产品照一下，打卡就成功时，当听到纷纷不绝的称赞声时，海君站在旁边看着，那种满足感，无法用言语形容。

回到文章开头的场景，樱木和由芝争吵的起因，是 C1 钉钉智能通讯中心在准备量产的前几天，一个共创企业在使用中，突然报出了一个错误，团队连夜进行排查，技术修复和量产计划之间产生了冲突，技术团队连续进行高强度攻关，并紧急调整量产排期计划，最终保证了进度。

易统说，这种让团队措手不及的状况，整个硬件开发过程中经常发生。对于钉钉团队来说，攻克难关是家常便饭。从诞生开始，钉钉就站在"来往"失败的阴影之下，这也从一开始就赋予钉钉团队"不服输，向前冲"的力量。在无招眼中，"困难只是帮助钉钉成长的营养剂而已。"

那些打不倒你的，只会让你更强大。

思考与讨论：钉钉硬件团队有哪些值得我们学习的优良品质？

【案例分析3】

"Paypal"走出来的创业领袖

创投界的彼得·蒂尔（Peter Thiel）创建的第一个创业团队叫"Paypal"，2002 年他们以 15 亿美元出售了 Paypal。Paypal 成员在团队解散后，依然相互帮助，开办、投资了一系列成功的技术公司，他们还各自另觅合伙人，成为连续创业者。彼得·蒂尔投身创投，与合伙人创办了帕兰提尔公司；埃隆·马斯克（Elon Musk）创办了太空探索技术公司，并与别人合伙创办了特斯拉汽车公司；里德·霍夫曼（Reid Hoffman）与合伙人一起创建了领英公司（LinkedIn）；陈士骏（Steve Chen）、查德·赫尔利（Chod Hurley）和（Jawed Karim）共同创办了 YouTube 视频网站；杰瑞米·斯托普尔曼（Jeremy Stoppelman）和拉塞尔·西蒙斯（Russel Simmons）成立了 Yelp 点评网站；大卫·萨克斯（David Sacks）与其他投资人共创了 YAMMER 企业社交网络服务公司。如今这 7 家公司的市值都超过了 10 亿美元。这些公司的共同点是，都是团队创业。这应该是对团队创业的最佳阐述。虽然它们并没有刻意营造办公环境，但是整个团队和个人都做得极其出色，这样的文化足以超越很多企业。

思考与讨论： 你能否举出国内的类似 Paypal 创业团队的连续创业案例？

【案例分析4】

大 雁 法 则

有研究者对大雁高空列队远飞进行研究发现，大雁具有很强的团队意识，从中可以看出一个团队合作的关键。

第一，每只大雁在飞行中拍动翅膀，为跟随其后的同伴创造有利的上升气流，这种团队合作的成果，使集体的飞行效率增加了70%。

第二，所有的大雁都愿意接受团体的飞行队形，而且都实际协助队形的建立。如果有一只大雁落在队形外面，它很快就会感到自己越来越落后，由于害怕落单，它便会立即回到雁群的队伍中。

第三，大雁的领导工作，是有群体共同分担的，虽然有一只比较大胆的大雁会出来整队，但是这只带头雁疲倦时，它便会自动后退到队伍之中，然后几乎是在难以察觉的情况下，另一只大雁马上替补领导的位置。

第四，队形后边的大雁不断发出鸣叫，目的是给前方的伙伴打气激励。如果大雁之间存在竞争，就难以相互激励。

第五，不管群体遭遇的情况是好是坏，同伴们总是会相互帮忙。如果一只大雁生病或被猎人击伤，雁群中就会有两只大雁脱离队形，靠近这只遭到困难的同伴，协助它降落在地面上，然后一直等到这只大雁能够重回群体，或是直至不幸死亡后，它们才会离开。

思考与讨论： 大雁法则对于创业团队而言有哪些借鉴的意义？

第4章 员工招聘

【概念解析】

人才是企业之本，也是企业发展最重要的核心资源之一。一个单位、一个公司拥有了人才就代表拥有了实力，拥有了未来，而招聘是企业获取人才的重要渠道。微软公司创始人比尔·盖茨（Bill Gates）曾经说过："如果把我最优秀的20名雇员拿走，那么微软将会变成一个不起眼的公司。"苹果公司创始人史蒂夫·乔布斯花了半辈子时间才充分意识到人才的价值。他有这样一句话："我过去常常认为一位出色的人才可顶两名平庸的员工，现在我认为能顶50名，我大约把四分之一的时间用于招募人才。"乔布斯一生面试过5000多人，然而真正被他看中的人并不多，他深知，选人就像是在赌博，选错人就会满盘皆输，招聘流程是企业招聘的关键环节。

招聘员工是企业吸收人力资源的主导途径，是人力资源开发与管理的重要环节。其中招聘和选择是影响员工流转的关键因素（见图4－1）。

需求 招募 遴选 录用 试用

图4－1 员工招聘的五个步骤

在初创企业里，业务流程和角色往往不是一成不变的，随机应变是员工必须具备的能力。对于那些在大公司工作时间太久的人，并不一定适合初创企业。

【教学活动1】

模拟招聘训练

活动目标： 在教室里模拟企业招聘全过程，从而帮助学生了解员工招聘的流程。

活动道具： 桌子和椅子、简历、服装、面试提问、其他道具。

活动内容： 邀请老师或学长担任面试官，提前准备5个岗位并公示。学生事先准备好自己的简历，依次应聘。面试过程中回答面试官提出的各种问题，结束后由面试官点评，其他同学也可以参与评议。

面试问题：

1. 介绍你自己的基本情况。
2. 对我们公司了解吗？为什么愿意应聘这个工作？
3. 请你用两分钟描述自己的优势和不足。
4. 说说你曾做过的最满意的一件事。
5. 你的适应能力如何？
6. 你周围的人是如何评价你的？
7. 你希望得到的薪酬是多少？
8. 你想找一份长期的还是临时的工作？
9. 五年内你给自己制定的目标是什么？
10. 你能为我们公司带来什么？

【案例分析1】

A公司的失败招聘

应届毕业生玲玲，在面试时特别希望能来A公司做行政助理，而且，在第二天没接到通知的情况下，又来请求加入A公司，A公司老板被她的态度所感动，很快就让她接手公司比较重要的工作。可是，三个月后，她将公司的钥匙扔在办公桌上，工作也没交接就走人了，因为她爸给她找了另一份工作。

思考与讨论： 请依据招聘的流程分析，为什么案例故事中的这次招聘活动失败了？

第 5 章　创业机会

【概念解析】

发现、寻找和利用创业机会是任何一个成功创业者的特征之一，它也是成功创办和管理企业的基础。美国纽约大学伊斯雷尔·柯兹纳（Israel Kirzner）教授认为，创业机会就是未明确的市场需求或未充分使用的资源或能力。它具有很强的时效性，甚至转瞬即逝，一旦被别人把握住也就不存在了。创业机会又总是存在的，一种需求得到满足，另一种需求又会产生；一类机会消失了，另一类又会产生。大多数机会都不是显而易见的，需要去发现和挖掘。

创业机会是指能够满足消费者的需求，并能使投资者收回投资的有吸引力的商业想法或主张。简单地说，就是收入超过成本并能够得到利润。例如，你可能通过一项新技术发明一个非常有创意的产品，但是市场可能并不需要它。或者一个想法听起来不错，但是在市场上没有竞争力，不具备必要的资源，也是不值得做的。尽管有时市场有需求，但是需求的数量不足以收回成本。事实上，市场上有超过 80% 的新产品都是失败的，很多发明家的想法看起来很好，但是经不起市场的考验。

如何将想法转化成一个创业机会？一个简单的回答就是当收入超过成本能够得到利润时。当你真正实践时，你还要全面地调查下面所列的要点：创业机会是能够满足消费者的需求，并能使投资者收回投资的有吸引力的想法或主张；创业想法和创业机会的区别与联系：一个好的创业想法未必是一个好的创业机会，一个好的创业机会必定来源于好的创业想法。

一般而言，创业机会有以下几个来源。

1. 问题需求

创业的根本目的是满足顾客需求，而顾客需求在没有满足之前就是个问题。寻找创业机会的一个重要途径是善于去发现和体会自己和他人在需求方面的问题或生活中的难处。在生活中遇到的困境和难题，身边发生的不协调现象和意外事件，他人的需要与瓶颈，乃至于日常生活中的各种"抱怨"，都蕴含着创业机会。

2. 发展变化

创业机会大都产生于不断变化的市场环境，环境变化了，市场需求、市场结构必然发生变化。现代管理学之父彼得·F. 德鲁克（Peter F. Drucker）将创业者定义为那些能"寻找变化并积极反应，把它当作机会并充分利用的人"。这种变化主要来自产业结构的变动、消费结构升级、城市化加速、人口思想观念的变化、政府政策的变化、人口结构的变化、居民收入水平提高、全球化趋势等诸因素。

3. 知识经验

对于创业者而言，丰富且广泛的生活阅历是识别潜在商机的主要决定因素，它们帮助创业者识别了新信息的潜在价值。创业者有可能从自身拥有的行业、工作经验中找到创业机会，也可能基于自己拥有的专业知识技能产生创业想法和项目，如果将兴趣特长或能力优势转化成为他人服务，价值便产生了创业机会。拥有创造力，一方面能发现别人发现不了的机会，另一方面可以用自己的创造发明和技术专利直接创业。

4. 资源网络

很多创业者的创业活动基于自己拥有相应的资源和网络。比如优质的人脉网络、独有的业务渠道、技术资源优势等，都有利于创业者利用这些资源，找到适合自己的创业机会。

【教学活动1】

产生你的创业想法

1. 请利用下面的物体，尽可能提出更多的创业想法，填入下表中：

物体	创业想法	补充说明
橘子		
旧图书		
一次性纸杯		
矿泉水瓶		
汽车轮胎		

2. 在上述的创业想法中，你认为最可能成功的一个想法是：＿＿＿＿＿＿＿＿＿＿

3. 用下面的表格评估你的这个创业想法是否是好的商业机会。

评估项目	市场规模	竞争对手	门槛限制	产品缺陷	风险控制	成本结构	资金需求	产品利润	盈利时间
评估结论									
你的结论									

【教学活动 2】

机 会 来 了

活动目标：解释创业机会是什么。

活动工具：100 元纸钞。

活动步骤：

1. 讲到创业机会知识点时，教师从口袋里拿出一张百元钞票举在手里，然后在不做任何解释的情况下突然连声喊：100 元卖 20 元，谁要？

2. 一边喊一边在教室里走动，直到有人上前用 20 元买下。

3. 教师将 20 元钱放入口袋中然后开始发问：你刚才看到了什么？你有没有发现创业机会？如果发现了，你行动了吗？如果行动了，最终是否得到？

活动建议：事先安排一位学员不认识的人来卖钱，效果更佳。

【教学活动 3】

创业机会的评估准则

活动目标：根据识别创业机会与创业机会的评估准则对你的"创业想法"进行识别和评估，确定可能的创业机会。

活动过程：各小组在学习了创业机会评估准则、评价指标体系后，进行多方位讨论，每组派代表分享讨论结果，力求做到学以致用。

创业机会的评价准则

类别	指标	最有利标准 A	最不利标准 E	A	B	C	D	E
行业和市场	市场需求	产品有市场需求	顾客群已忠诚其他品牌					
		能够形成特定的顾客群	无特定的顾客群					
		产品的顾客利益点凸显	产品顾客利益点不显著					
	市场结构	销售者数目少	销售者数目多					
		销售者规模小	销售者规模大					
		买卖双方信息不对等	买卖双方信息对等					
	市场规模	大，占份额很小就能收益很高	小，即使占较大份额收益也很低					
	市场份额	新兴、不稳定、多变	稳定、机会少					
	成本结构	占市场份额20%以上	占市场份额小于5%					
		不依赖于规模经济	依赖于规模经济					
资本和获利能力	税后利润	10%～20%	低于5%					
	盈亏平衡	1年开始盈利	3年开始盈利					
	资本要求	中低水平资本	大量资本量					
	退出机制	能够拥有或者想象一种获利和退出机制	没有一种退出机制					
竞争优势	成本	成本最低地位	成本较高地位					
	控制程度	对价格、成本、分销渠道具有中等或较强的控制力	对价格、成本、分销渠道具有中等或较弱的控制力					
	进入壁垒	拥有所有权、法规优势等壁垒	无法把其他竞争者阻挡在行业外					
管理团队	人员	囊括业内明星的团队	缺乏业内专家					
	团队	创业团队团结互补	有过不团结记录					

续表

类别	指标	最有利标准 A	最不利标准 E	A	B	C	D	E
个人标准	成功标准	创业项目符合创业者个人成功标准，创业动机强烈	创业项目不符合创业者个人成功标准，创业动机不强					
	愿望	是自己的爱好	不是自己的向往					
	机会成本	项目价值大于其他工作	项目价值等于或小于其他工作					
	压力承受	创业者能够接受高成长、高收益项目压力	对高成长、高收益的项目压力感到恐慌					
必需资源	资源的拥有	拥有可用的资金、技术和其他必需的资源	缺乏资金、技术和其他必需的资源					
环境	环境作用	处于有利的环境中	环境不稳定					
缺陷	致命缺陷	没有致命缺陷	有一个或两个致命缺陷					
合计								

活动备注：ABCDE 分别对应 5、4、3、2、1 分。

总分 111～130 分，说明你具有较好的创业机会识别能力；

总分 90～110 分，说明你的创业机会识别能力一般；

总分 90 分以下，说明你的创业机会识别能力较差，还需要进一步提升。

【案例分析 1】

共享会议室

"6 茶"项目创始人吴翔在与客户交流对接的过程中，发现中小微企业和客户的洽谈地点通常很难找到，资源比较稀缺。北上广深都有很多共享会议室，而且发展比较成熟，但就算如此，会议室基本上还是很难订到，以至于有的茶室也推出了会议的包厢、套餐等，并且几乎天天爆满。

吴翔敏锐地发现了用户痛点，也从中发现了创业机会，于是"6茶"项目应运而生。在项目前期，向来谨慎的他决定先开展市场调研，谋定而后动，跟三位创始人一起跑遍了福州大大小小的茶馆。从温暖的春天，跑到炎热的盛夏，把各大茶馆茶室喝了个遍，最疯狂时，甚至一天到晚肚里全是茶水。传统茶馆的成本高昂，不管是店铺的租金，还是人力、茶品的成本，都是一笔极大的开支。而在移动互联网当道的今天，茶馆的引流却仍然十分局限，基本是爱喝茶的老客在支撑。按照吴翔团队的预测，在福州这样的城市，每年都将会有30%的茶馆被市场淘汰。这让吴翔觉得，自己可能遇到了个大机遇。一方面，自己的项目将会搭建一个巨大的平台，很多茶空间都可以入驻其中，提供专门的商务洽谈服务。另一方面，平台也将赋能茶空间，将更多的流量引入到茶空间，实现彼此的双赢。一想到这个点，吴翔与其余几位创始人十分兴奋，认为时机已到。说干就干，几人自筹，凑了两三百万元的创业资金，将技术外包出去，准备搭建平台。巧的是，在项目进行到一半时，技术团队对这个项目兴趣浓厚，表示愿意以技术入股，共同参与项目的整体运作。自此，吴翔终于补齐了技术短板。

思考与讨论：吴翔是如何发现和把握创业机会的？

第6章　商业模式

【概念解析】

彼得·德鲁克曾说过："当今企业之间的竞争，不是产品之间的竞争，而是商业模式之间的竞争。"商业模式热潮始于20世纪末期的互联网创业潮。互联网兴起之后，涌现出许多新的经营模式，同时在网络经济条件下，出现了各种不同的业务流程、不同的收入模式、不同的信息流通方式，迫使企业重新考虑竞争优势的来源、结构以及过程，也使企业商业模式受到了从创业者到投资家的广泛关注。人们逐渐认识到，企业必须选择一个适合自己的、有效的和成功的商业模式，从而保证长足的生存和发展。

商业模式的概念出现在20世纪50年代，目前对商业模式并没有统一的认识，有关商业模式的研究还处于探索性阶段。迄今为止，在商业模式的研究中还没有形成普遍认可的理论体系和分析框架，国内外学者对商业模式定义的理论研究总体上经历了从经济类、运营类、战略类到整合类递进的过程（见图6-1）。

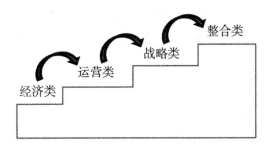

图6-1　商业模式定义的演进过程

从经济类层面上看，商业模式仅仅被描述为企业的经济模式。综合众多学者的观点，经济类层面对商业模式的定义，是指企业为追求利润，获取价值回报所建构的逻辑陈述。

从运营类层面上看，商业模式被描述为企业的运营结构，焦点在于说明企业通过何种内部流程和基本构造设计，使得价值创造成为可能。从运营类层面来定义商业模式，不仅涉及企业追求收益的内部运作方式，还把价值链中的其他利益相关者都纳入商业模式中。相比较经济类层面的定义而言，除了把企业的自身经济活动纳入系统内，也把价值链里的其他环节纳入体系中。

从战略类层面上看，商业模式被描述为不同企业战略方向的总体考察，涉及市场主张、组织行为、增长机会、竞争优势和可持续性等。

从整合类层面上看，商业模式被认为是一种对企业商业系统如何更好运行的本质描述，是对企业经济模式、运营结构和战略方向的整合和提升。

综上所述，商业模式是一种包含了一系列要素及其关系的概念性工具，用以阐明某个特定实体的商业逻辑。它描述了公司所能为客户提供的价值以及公司的内部结构、合作伙伴网络和关系资本等用以实现（创造、推销和交付）这一价值并产生可持续盈利收入的要素。商业模式的内涵包含以下几方面：商业模式是包含多项业务的整体性系统；商业模式的本质就是企业保持持续盈利的行为引导模式；商业模式是易于受到外部动态环境的影响，并在不断变化的市场氛围中调整适应的企业思维逻辑；商业模式是在市场主张、组织行为、增长机会、竞争优势和可持续性的整体考察下，涉及企业的顾客、供应商等多方相关利益的协调，利用商业机会创造价值的交易内容、结构和治理架构的具体企业特色的运行框架；商业模式是企业经过业务流程的设计，把一系列管理理念、方式和方法，反复运用，对流程、客户、供应商、渠道、资源、能力和信息进行整合，形成一套关于产品流、服务流、信息流和价值实现流的管理方法和操作系统，具本商业模式的构成要素下如：

1. 商业模式的构成要素

商业模式概念的多样性以及研究者对商业模式认识的侧重点不同，使得对其构成要素的划分呈现出高度的差异性，因此很难做出统一的界定。下面介绍几种有代表性的学术观点。

2. 哈默商业模式四要素

哈默认为商业模式由四大要素组成，即客户界面（包括履行与支持、信息与洞察力、企业与顾客的关系动态、价值构成等）、核心战略（包括经营使命、产品及市场范围、差异化基础）、战略性资源（包括核心能力、战略性资产、核心流程）、价值网络（包括供应商、合伙人、联盟），如图6-2所示。

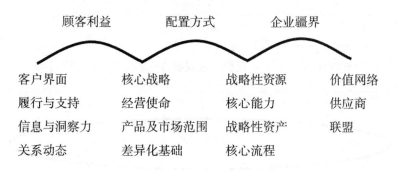

图 6 - 2　Hamel 商业模式组成要素关系

从图 6 - 2 中可以看出，这四种要素产生了三种不同的连接，即顾客利益连接客户界面和核心战略，配置方式连接核心战略与战略性资源，企业疆界连接战略性资源与价值网络，这些连接将四个要素紧密地连成一个协调运作的整体，而这些连接的本质就是使企业获得持续性盈利。

3. 克里斯坦森商业模式构成要素

2008 年，哈佛商学院克里斯坦森教授在《哈佛商业评论》上发表了《如何重塑商业模式》一文，对商业模式进行了新的定义。克里斯坦森认为，商业模式包含四方面的构成要素，即客户价值主张、盈利模式、关键资源、关键流程。其中，关键资源是指向目标客户群传递价值主张所需要的人员、技术、产品、厂房、设备和品牌等资源；关键流程是指企业拥有一系列的运营流程和管理流程，以确保其价值传递方式具备可重复性和扩展性。关键资源是企业创造价值流程中的基础，关键流程则贯穿企业利用这些关键资源的过程，这两个方面相互配合，为客户提供价值，即满足客户价值主张。客户价值主张是指某种为客户创造价值的方法，也是企业实现利润的直接方式。这一整套活动都是在企业能够盈利的基础上进行的，也就是在这一系列的活动中形成了企业自身的盈利模式。

4. 泽尼亚·林德加特和马丁·李维斯商业模式构成要素

泽尼亚·林德加特和马丁·李维斯等认为，商业模式由价值定位和业务模式两个基本部分组成，每个部分又有三个方面。目标细分市场、提供产品或服务、收入模式三方面构成价值定位部分，而价值链、成本模式和组织构成业务模式部分，如图 6 - 3 所示。

从这六个构成要素可以看出，价值定位细分回答了企业的价值提供及服务对象，而业务模式在细节领域内回答了企业如何有效地实现企业价值，将企业整个运作流程均纳入商业模式中，从两个部分六个方面勾勒出商业模式的全貌。

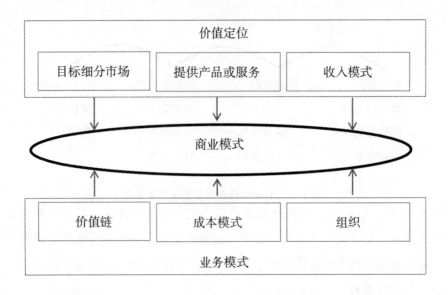

图6-2 泽尼亚·林德加特和马丁·李维斯商业模式构成要素

需要指出的是，企业商业模式结构的设计显然还受其他很多因素的影响，如宏观经济的运行、竞争对手的行为和市场结构等，但这些因素对企业商业模式的影响是通过各个要素表现出来的。影响因素属于商业模式结构中的要素，因此不能作为企业商业模式的主要结构组成。企业商业模式的形成和运行是一个动态的过程，是一个和市场变化匹配的过程，同时也是企业商业模式不断优化、完善和创新的过程，这就决定了企业商业模式结构的设计应是一个循环提升的过程，商业模式价值的实现要通过反馈的方式对商业模式的其他要素完善变革提供方向，同时其他企业商业模式要素的完善创新也进一步促使企业商业模式价值实现的产生。

【教学活动1】

角 色 扮 演

活动目标：扮演公司负责人角色，向投资人介绍项目，从而了解、学习商业模式。

活动步骤：将全班分成以下几个小组，扮演该公司的创始人或公司经理，假设你们团队在电梯间碰到投资人，你将怎样介绍你的企业项目，吸引他们的投资。

1. 分组分项目

教师给出以下5组的项目，请学生进行项目了解、畅想与挖掘。

第一组：雕爷牛腩

雕爷牛腩餐厅，是中国第一家"轻奢餐"餐饮品牌，其烹饪牛腩的秘方是向周星驰电影《食神》中的原型人物——中国香港食神戴龙以 500 万元购得的。戴龙经常为李嘉诚、何鸿燊等港澳名流提供家宴料理，他还是 1997 年香港回归当晚的国宴行政总厨，所以他的代表作，一道"咖喱牛腩饭"和一道"金汤牛腩面"，成为无数人梦寐以求之舌尖上的巅峰享受。

第二组：三只松鼠

三只松鼠股份有限公司成立于 2012 年，是中国第一家定位为纯互联网食品品牌的企业，也是当前中国销售规模最大的食品电商企业。

第三组：猪八戒网站

猪八戒网于 2006 年创建，现已发展成为一站式知识工作者共享平台。猪八戒网开创式地搭建起知识工作者与雇主的双边平台，通过线上线下的资源与大数据沉淀，使知识工作者与雇主无缝链接。

第四组：小米科技

北京小米科技有限责任公司成立于 2010 年 3 月 3 日，是一家专注于智能硬件和电子产品研发的移动互联网公司，同时也是一家专注于智能手机、互联网电视以及智能家居生态链建设的创新型科技企业。

第五组：泛微移动办公平台

对于国内组织而言，革新工作模式、提高工作效率已经成为当务之急。上海泛微网络科技股份有限公司成立于 2001 年，专注于协同管理软件领域，并致力于以协同 OA 为核心帮助企业构建全员统一的移动办公平台。我们需要把企业所有的应用装入手机，让企业内部的工作方式和沟通手段发生根本性的变化。

第六组：美 ONE 平台

美 ONE 是一家网红、艺人以及模特的线上服务平台，旨在为用户提供拍摄、表演、主播、电商分销等多种合作机会。隶属于美腕（上海）网络科技有限公司。

2. 小组报告

每组汇报 5 分钟，主要围绕以下问题展开：

（1）行业的新风口在哪里？颠覆性在哪里？

（2）什么是该项目的创业或创新机会？

（3）该项目的商业模式是什么？

（4）该项目的投资价值和回报在哪里？

3. 课堂讨论

（1）分组报告，其他同学对该团队的报告进行是否投资的评估，可以对该项目提出两三个问题

（2）最后 6 组相互 PK，决出最好的 2 个项目，两个项目的创始人可以有额外的 5 分钟演讲或补充。其他同学在两个项目中 2 选 1，决出最佳项目。

4. 提问与点评

教师提问：

（1）最后选出的两个项目为什么最佳？

（2）选出的项目在商业模式上有什么特点？

（3）投资者做选择的思维是什么？

思考与讨论：我们所处的行业，指数增长会如何产生？引爆点在哪里？如何应用"互联网＋"对虚拟经济与实体经济的各种资源进行重新整合、调整和利用，并不断开发出新产品？

【教学活动 2】

商业模式头脑风暴

活动目标：通过商业模式的游戏，帮助创业者理清自己的创业思路。

活动形式：可以一个人完成，也可以以小组形式完成。组成小组可以产生更多观点，便于形成共识。

活动道具：彩色贴纸，铅笔。

活动步骤：

1. 请用一句话写下自己现有的商业模式

准备一叠彩色贴纸，按要求逐项填写。鼓励学生以发散性思维来回答问题。

问题一：认真思考，谁是你的付费用户？

提示：（1）只写你的直接收费的用户。如果你做收费订餐服务，就可能会有以下两种情形：a. 客人在餐厅消费以后，餐厅给你提成，那你的用户就是餐厅；b. 你从客人处收取餐费，扣去提成后把余钱给餐厅，那你的用户就是吃客。

（2）如果你有不同用户，比如你做快递业务，你的用户有企业和个人，你可将企

业、个人列为你的两种不同用户。

（3）如果你的业务"免费"，而且永远免费，请停止游戏；如果现在免费，将来会收费，请写明将来的付费用户。

问题二：你给客户带来什么好处？

答案提示：

价值×

加快减肥速度√

降低物料成本√

提高搜索精准度√

提示：尤其应该多思考你和竞争对手不一样的方面。

问题三：如何让用户知道你？

答案提示：

营销×

搜索引擎优化√

投放电视广告√

投递优惠券√

提示：这个问题的本质是你通过具体哪些方法做营销推广。

问题四：如何将产品送达客户？

答案提示：

网络×

顺丰快递配送√

App Store 下载√

开设直营门店√

提示：前一个问题是客户如何知道你，但知道你并不等于会买你的产品或服务；而这个问题是问如果用户付钱下单，他们如何拿到购买的产品或服务，问题的本质是"渠道"。

问题五：你企业的核心任务是？

答案提示：

融资×

寻找技术团队√

开发专利产品√

找到分销商√

提示：写入你从现在开始，到证实你商业模式成功时（业务相对稳定、收支持平、略有利润）所必须完成的主要事项。

问题六：你还缺少什么？

创业伙伴√

启动资金√

技术团队√

推广渠道√

提示：这个你最清楚，创业公司里困难重重（同样指从现在开始，到你业务相对稳定、收支持平、略有利润时所缺少的东西）。

问题七：谁能帮助你？

VC ×

渠道商√

淘宝商城√

技术高手√

天使投资人√

提示：不要写投资人，创业中很多东西不是钱可以解决的，要分析除钱以外的业务伙伴。（时间跨度同前）

问题八：你有多少种赚钱的产品？

产品 ×

卖 MP3 播放器√

卖手机√

卖平板电脑√

卖内容下载√

提示：你有多少种产品或产品线？看看苹果公司就应该能明白。

问题九：你需要投入多少成本？

启动资金 ×

买设备（数额）√

买原料（数额）√

支付广告（数额）√

员工工资（数额）√

提示：列出投入大项的数额，再合计成总数，时间跨度同前。

问题已经问完，请再从头检查一遍，看是否需要修改和补充？

2. 每一页按重要性排序

提示：回到问题的第一页，将各项目按重要性程度排序。

3. 挑重点，提炼关键因素

请将每一页上标"1"的项目，单独写在黄色贴纸上。只写重要级为"1"的，一条即可。一条写一张纸。

4. 找联系，总结商业模式

（1）将每张黄色纸排队贴在黑板（白板）上，仔细研究黄色纸上重要点之间的互相联系。

（2）根据黄色纸上的含义，用一句话总结出你的商业模式。

提示：现在我们把你商业模式中"最重要的"因素都提炼出来了！仔细研究一下它们之间的相互关系，然后再用一句话描述出这些由你业务中最重要的因素所组成的商业模式，它很可能与你原来的模式不一样，主要原因在于，这个游戏帮助你把注意力全部集中在你最重要的那个用户身上，并以它为基础来发展出你的核心商业模式。

结束语：这个游戏是基于已经选择好创业项目基础上的商业模式的探讨，主要是帮助创业者把商业模式中"最重要的"因素提炼出来，把注意力全部集中在最重要的用户身上，并以它为基础来发展出核心商业模式。

思考与讨论：经过上述活动后，你原来写好的商业模式与活动后的商业模式，有什么区别？今后在提炼、总结商业模式时，应注意哪些问题？

【案例分析1】

苹果公司因商业模式而成功

苹果公司成功的秘密在哪里？这是每个人都想弄明白的问题。然而，苹果公司一直都没有向外界提供一个明确的答案。终于，苹果某高管偶然接受采访的一句话泄露了天机："苹果成功的秘密在于把最好的软件装在最好的硬件里。"

最简单的语言往往直指人心，苹果如此诱人的秘密就在于其创造的商业模式。商业模式就是如何创造和传递客户价值及公司价值的系统。商业模式创新比产品创新和服务创新更为重要，有时其功力丝毫不亚于伟大的技术发明。

苹果公司称霸世界科技企业的原因，绝不仅仅在于它为评论者所称道的时尚设计，也不仅仅在于表面上的明星产品创新，更关键的是，苹果创造了一个属于新时代的卓越商业模式。正是商业模式的改变使苹果改变了过去传统电脑厂商的暮气，成为移动互联网时代的领航者。

客户价值创造最重要

苹果连出重拳，iPod + iTunes，iPhone + App Store，iPad，先后改变了传统音乐、手机和出版行业，建立了这三个行业的新秩序，而苹果自己也因为掌握了硬件、软件和服务的产业关键环节，从而形成一统江山的新世界霸主之势。

一个成功的商业模式，最根本的就是要提供新的客户价值。对于苹果而言，用户价值以前意味着为他们提供超出同业的最新技术。苹果重新审视客户价值，破除封闭的旧思维，兼收并蓄，纵横捭阖，将先进的技术、合适的成本和出众的营销技巧相结合。

苹果的产品并没有什么特别前沿的技术，也往往不是业界第一个吃螃蟹的，但是能够在合适的时机将合适的技术以最适合消费者体验的方式设计出来，从而取得成功。

例如，最早推出数字音乐播放器的公司并不是苹果，而是一家名为"钻石多媒体"的公司，他们早在1998年就推出了数字音乐播放器，比苹果公司早了整整3年。

盈利模式创新最关键

成功商业模式的第二步就是明确盈利模式。苹果公司主要有两个盈利路径：一是靠卖硬件产品来获得一次性的高额利润，这在目前为苹果提供了绝大部分的利润来源；二是靠卖音乐和应用程序来获得重复性购买的持续利润，以及获得运营平台的报酬。

这两个盈利方式还会互相加强，形成良性循环。由于优秀的设计，以及超过数以万计的音乐和应用程序的支持，无论是iPhone还是iPad，都要比同类竞争产品的利润高很多。同样，由于有卓越硬件和苹果高销量的支持，那些应用程序也更有价值，也就更能促进新程序和软件的开发，拉动更多更好的内容进入苹果的供应链。

更让微软、谷歌等新老对手恼火的是，过去一直比较小众化和封闭的苹果如今不仅完成了大众化的转身，而且仍然自成一体，牢牢掌控核心资源和核心能力。

苹果控制了这个产业中最核心的，也是利润率最高的设计、渠道和销售环节，而且苹果的硬件、操作软件和iTunes、App Store等渠道平台只适用于苹果产品自身，对外界的厂商实行技术封闭。因此，苹果帝国的壮大也意味着苹果的盈利能力越来越强。

资源流程最基础

苹果公司如何实现客户价值，获得盈利？这就要靠关键资源和关键流程。苹果公司的关键资源就是它曾拥有一个出类拔萃的CEO乔布斯，一个代表电脑产业历史和独立精神的高端品牌，还有一批业界领先、非常有创新能力和完美精神的产品设计和开发人员。

尽管苹果公司在20世纪90年代渐趋衰落，但其品牌仍然在很多人心中光芒万丈，不可替代。苹果公司的人才资源也很重要。一名刚进入苹果公司的设计师年薪在20万美元左右，比行业平均水平高50%。十年的人才积累，使得苹果公司的精英们为消费者中的精英设计了傻瓜般的优秀产品。

苹果公司的关键流程包括苹果公司鼓励创新的公司制度、企业文化和研发管理工作，这些流程确保苹果公司的产品创新具有可复制性和扩展性，从而不断开发出类似于iPhone和iPad这样的产品，也确保苹果能够不断地开辟新的产业领域，并将自己的创新商业模式复制到这些领域。

苹果公司的过人之处，不仅仅在于它为新技术提供时尚的设计，更重要的是，它把新技术和卓越的商业模式结合起来。好的商业模式的内容，绝不仅仅是一个企业如何赚钱的问题。商业模式反映的应该是围绕着管理的方方面面的系统的思想，从这个意义上讲，"苹果的成功是因为商业模式的成功"是合理的。

一个成功的商业模式，第一步就是要制定一个有利的客户价值主张，也就是如何帮助客户完成其工作。第二步就是制定盈利模式，也就是为自己公司制订创造价值的详细计划。明确了客户价值和公司价值后，接下来就是如何实现这些价值了，即关键资源和关键流程。苹果在明确客户主张和公司盈利模式方面做了很多创新，支持苹果公司的创新动力的则是公司卓越的领导力、优秀的产品设计人员、优秀的产品营销人员，以及苹果公司强大的鼓励创新的企业文化和制度。这些要素缺一不可，相互影响并相互转化，形成了推动苹果创新的"动力火车"，创造出一个又一个伟大的产品。

创新商业模式的企业往往不会选择一个现有的市场和竞争对手火拼，而是重新审视消费者的价值主张，选择提供一个和现有产品不同价值主张的产品，从而创造了一个新的市场。从苹果公司的高成长奇迹来看，高成长的公司对于赶超或打败竞争对手并不感兴趣，他们真正感兴趣的是创造与众不同的市场！

思考与讨论：如何看待"苹果的成功是因为商业模式的成功"这一说法？一个完整的商业模式应该包含哪些要素？

【案例分析2】

拼多多的商业模式创新

拼多多成立于2015年，通过三年不到的时间，做到了月流水400亿元的恐怖规模。拼多多的商业模式其实非常简单，就是一种网上团购的模式，以团购价来购买某件商品。用户可以将拼团的商品链接发给好友，如果拼团不成功，那么就会退货。我们看到许多人会在朋友圈、各个微信群发带有拼多多团购的链接，通过社交网络实现了一次裂变。

目标用户精准

短短两年时间，拼多多剑走偏锋，瞄准了三、四、五线城市人群，以低价大量拉取用户。投资调研发现，拼多多上有三类典型人群：从没有过网购经验的人群；知道淘宝也在淘宝消费过，但未形成购买习惯的人群；淘宝满足不了的人群。其实现在市场上无论天猫还是京东，满足的都是还算追求品质的那批人，但从没有人关注"能用就行"这批用户，拼多多做到了（即众多小市场汇聚成，可产生与主流相匹敌的市场能量）。

简单直接、病毒式的营销模式

拼多多商业模式很简单：电商拼团、砍价（早期还有 1 元购等模式）。如果是在淘宝上买东西，是不是一个人悄悄买了就完事儿了？但在拼多多上不一样，拼团能够获得更优惠的价格，所以几乎没人会选择单独购买。本来就已经比市面普通价格便宜的商品，在拼团后居然又便宜了。付款后可以一键分享到微信等社交平台上，从下单到支付，再到最后离开拼单页面，每一个关卡都在暗示、引导买家"分享"。在完成拼团之后，拼主还有机会获得拼主免单券，也算是变相地鼓励分享。

发起拼单的用户会成为拼主

这个看似简单的分享拼团砍价模式，恰恰就是拼多多崛起的关键！通过降价这种最直接的方式，鼓励买家将 APP 推广给更多人，买家省下来的钱也是实实在在的，拼多多获得的新用户也是实实在在的，双赢！

这种拼团砍价其实就是批发和微分销的概念。再借助 QQ、微信流量的助攻，分享的平台有了（社交圈传播）；还都是朋友、亲戚之间的分享，信用背书也有了（诱导用户产生裂变效应消费）；生活状态差不多，你要用纸我也要用，还这么便宜，拼团的需求也是一样的，拼团的成功率也大大提高（进一步扩大影响）。

为了吸引商家入驻，拼多多同样用了很多办法。免佣金、免费上首页，这些都是现阶段淘宝、京东所给不到的优惠，开始有大量的商家涌入拼多多平台。抛开商品、监管，单从运营的角度评价，拼多多是成功的，它也很明显是走的"先发展，再整治"的套路。

思考与讨论：如何理解拼多多商业模式的创新？移动互联网时代，这种通过社交网络裂变式营销，对你有什么启示？

【案例分析3】

盒马鲜生的商业模式

创始人侯毅说：盒马还真的像河马——体型庞大，但温和亲民。盒马也是，都推崇轻模式，但侯毅却反常态的用重模式做生鲜——庞大体系加互联网式亲民。但就是这只看上去笨拙的河马，成长速度飞快。在一片唱衰的生鲜业里，逆势增长。

盒马模式的灵魂——精准定位

第一，目标消费群的定位越是精准，越能吸引目标顾客，增强与目标顾客的黏性。对盒马鲜生来讲，80%的消费者是"80后""90后"。他们是互联网的早期网民，他们是改革开放以后富裕起来的中国成长的一代消费者，他们更关注品质，更关心对品质的追求，对价格的敏感度不高。

第二，盒马鲜生是基于场景定位的，围绕吃这个场景来构建商品品类。而且盒马鲜生"吃"的商品品类构成远远超越其他超市卖场，所以在吃这个环节上，盒马鲜生能够给消费者满意的服务。盒马鲜生做了大量的半成品和成品以及大量加热就可以吃的商品，希望让吃这个品类的结构更加完善、丰富。

盒马模式的核心——重新设计了一套消费价值观

商业的本质依然是不断满足顾客的消费需求。侯毅说：基于当前消费的需求特点，盒马鲜生重新设计了一套消费价值观。

第一，"新鲜每一刻"。新的生活方式就是买到的商品都是新鲜的，每天吃的商品都是新鲜的。消费者追求的是新鲜的生活方式，所以盒马鲜生里面买的所有商品仅供你吃一顿饭。所以将来冰箱就已经不需要了，你需要什么就买什么，盒马鲜生会快速地送到你的家。盒马鲜生把所有的商品都做成小包装，今天买今天吃。不追求原来所谓的大批量、大包装，所有的商品只用一次就够了。

第二，"所想即所得"。当顾客在上班，没有时间去买菜的时候，可以在盒马鲜生下单，在下班途中也可以下单，商品会和你同步到家。线上线下的高度融合为消费者提供了随时随地的便利购买，全天候的便利消费，比如说下雨天盒马鲜生的线上销售非常火爆。盒马鲜生提供的线上商品和线下商品是完全同一商品、同一品质、同一价格的。所以新零售是满足消费者随时随地、在不同场景下的需求，"所想即所得"，让消费者的生活更加方便。

第三，一站式购物模式。利用互联网技术来扩大盒马鲜生的品类，盒马鲜生有门店，但面积、SKU（库存量单位）有限。同时扩建了绿色频道，来满足稀有商品的消费需求，顾客可以在盒马鲜生买到5000元一条的野生黄鱼，这些高档食材原来在超市根本就买不到；还会推出各种各样的预售商品，来满足消费者的各种需求。盒马鲜生是围绕吃来定位的，会满足顾客所有吃的问题，所以一站式服务具备巨大的商品竞争能力。

第四，让吃变得快乐，让做饭变成一种娱乐。盒马鲜生不断推出了各种各样的活动让消费者参与，让"80后"、"90后"消费者在家里做每一顿饭的时候都能够体现他的价值。所以盒马鲜生在整个店里面设置了大量的分享、DIY、交流等。让"吃"这件事变成娱乐、变成快乐，消费者就会产生强烈的黏性。新零售说白了就是要满足消费者对更高品质、更深层次、更广范围、更加个性的消费追求，让大家的生活更加美好、更加开心。

盒马模式的关键——新零售模式改变了这些传统零售模式

第一，门店的定位。传统精品超市、社区超市、便利店，以店的规模、人群的划分来定位。而盒马鲜生是基于场景定位的，围绕吃这个场景来构建商品品类。而且吃的商品品类的构成远远超越超市、卖场，所以在吃这个环节上，盒马鲜生能够给消费者提供更满意的服务。

第二，在商品结构方面。盒马模式改变了传统超市、卖场的品类组合原则，使整体的品类组合更浅，更加扁平化。盒马追求的是：不是为顾客提供简单商品，而是提供一种生活方式，期望以往家庭完成的事情放到店里完成，为顾客提供的是可以直接食用的成品、半成品。因此，改变了传统超市的商品结构。这些品类也带来了巨大的毛利空间。

第三，餐饮与超市的融合。盒马鲜生颠覆传统餐饮业、零售业，餐饮不单单是体验中心，更是流量中心，带来了消费者的黏性。餐饮就是盒马鲜生里面的加工中心，它可以提供更多的半成品、成品在网上销售。接下来，与越来越多的餐饮企业合作，帮盒马鲜生做半成品和成品在网上销售。

第四，超市功能+餐饮功能+物流功能+企业与粉丝互动的运营功能。综观盒马模式已不是一个简单的超市模式，已形成一个强大的复合功能体。特别是它基于经营顾客、粉丝互动建立的运营功能、物流功能、餐饮功能，已经颠覆传统的零售模式。

第五，新的门店组织架构，奠定线上线下的高度融合。盒马鲜生有餐饮副店长、物流副店长和线上运营副店长。从门店组织架构来讲，盒马鲜生绝对不是一个O2O的企业，因为大部分销售来自线上而不是线下。

第六，强大的物流功能。盒马鲜生最大的特点是快速配送，门店附近3～5千米范围内，一般30分钟送达，最长一般不会超过1小时。在盒马鲜生 APP 购物，不能预约隔天送达，只能当天送达。快速送达，即时消费，而生鲜第二天才能送到，不符合消费者需求场景。

从盒马的定位、商品结构来看，主要是改变传统零售以商品为中心的经营模式，走向以场景为中心的商品组织模式；加上强大的复合生态，大大丰富了消费，通过互联网，大大提高了效率；新零售不是颠覆传统零售，其本质依然是顺应消费升级的需求，提升消费者的生活品质。这才是新零售变革的核心内容！

思考与讨论：盒马鲜生创业成功的秘诀是什么？盒马鲜生在商业模式上有哪些创新？

第7章　企业形式

【概念解析】

随着生产力的发展、社会的进步，企业形式也得到了不断的发展与完善，企业的组织形式和分类的方式日趋多样化。

以投资者的地区不同分为：内资企业、外资企业和港、澳、台商投资企业。

按所有制结构可分为：全民所有制企业、集体所有制和私营企业和外资。

按股东对公司所负责不同分为：无限责任公司、有限责任公司、股份有限公司。

按信用等级可分为：人合公司、资合公司、人合兼资合公司。

按公司地位类型可分为：母公司、子公司。

按规模可分为：特大型企业、大型企业、中型企业、小型企业和微型企业。

根据财产组织形式和法律形式进行分类，通常把企业分为三类，即独资企业、合伙企业和公司制企业。公司制企业又分为有限责任公司和股份有限公司。

1. 独资企业

独资企业是指依法设立，一个自然人投资，财产为投资者个人所有，投资人以其个人财产对企业债务承担无限责任的经营实体。

2. 合伙企业

合伙企业指两人以上书面协议共同投资、共同经营、共负盈亏，合伙人对企业债务负连带无限责任的企业。

3. 公司制企业

我国《公司法》第2条规定："本法所称公司是指依照本法在中国境内设立的有限责任公司和股份有限公司。"有限责任公司是指股东以其认缴的出资额为限对公司承担责任。股份有限公司是指公司将全部资本分为等额的股份，股东仅就所认购的股份为限，对公司的债务负清偿责任。

项目	独资企业	合伙企业	有限责任公司
法律依据	独资企业	合伙企业法	公司法
法律基础	无章程或协议	合伙协议	公司章程
责任形式	无限责任	无限连带责任	有限责任
投资者	完全民事行为能力的自然人，法律、行政法规禁止从事营利性活动的人除外	完全民事行为能力的自然人，法律、行政法规禁止从事营利性活动的人除外	无特别要求，法人、自然人皆可
注册资本	投资者申报	协议约定	无
出资	投资者申报	约定：货币、实物、土地使用权、知识产权或者其他财产权利、劳务	法定：货币、实物、工业产权、非专利技术、土地使用权
出资评估	投资者决定	可协商确定或评估	必须委托评估机构
项目	个人独资企业	合伙企业	有限责任公司
章程或协议生效条件	无	合伙人签章	公司成立
财产权性质	投资者个人所有	合伙人共同所有	法人财产权
财产管理使用	投资者	全体合伙人	公司机关
出资转让	可继承	一致同意	股东过半数同意
经营主体	投资者及其委托人	合伙人共同经营	股东不一定参与经营
事务决定权	投资者个人	全体合伙人或遵从约定	股东会
事务执行	投资者或其委托人	合伙人权利同等	公司机关、一般股东无权代表

续表

项目	独资企业	合伙企业	有限责任公司
利亏分担	投资者个人	约定，未约定则均分	投资比例
解散程序	注销	注销	注销并公告
解散后义务	5 年内承担责任	5 年内承担责任	无

【教学活动1】

企业组织形式抢答赛

活动目标：通过企业组织形式相关知识点的抢答，让学生准确掌握不同组织形式之间的异同。

活动过程：将学生分成若干组，以小组形式进行知识点抢答，答对加分，答错扣分，率先达到 10 分的小组为获胜团队。抢答题围绕企业组织形式的相关知识点进行设计，可以设置判断题、单项选择题、多项选择题、简答题等，可以针对不同的难易程度设置不同分值的考题。

例如，哪种企业组织形式在成立伊始需要有章程?

合伙企业解散后需要在几年内继续承担责任?

思考与讨论：各种企业组织形式分别有怎样的优点和不足?

【案例分析1】

组 建 企 业

小林是一名刚毕业的大学生，拥有一项计算机软件专利，现在他正计划开办一家计算机企业。

· 66 ·

小林认真分析了他有可能采用的各种企业形式的优缺点。他倾向于创办一家个人独资企业，因为他喜欢自己做老板，可以拥有完全的经营决策权，并且利润全部归自己。但是个人独资企业经营风险较大，计算机行业竞争很激烈，万一经营失败，还要承担无限责任。

小林的大学同学小张愿意出资 5 万元与小林成立合伙企业。小林觉得合伙企业也不错，合伙人的加入可以使他们有更多的钱开一家更大的企业，分担经营风险，但是合伙企业的经营决策必须与小张共同做出，利润也需要按照合伙协议分配。

有一家风投公司认为小林的项目很有潜力，提出愿意出资与其成立有限责任公司，小林可以以技术入股，占 30% 的股份。小林觉得这样的话，风险相对较小，筹到的资金会更多，但是有限责任公司设立的程序比较复杂，创办费用较高，而且法律法规对有限责任公司的要求较为严格，并且自己的股份仅占 30%，在公司的一些重大经营决策上受其他股东制约。

思考与讨论：如果你是小林，你会选择哪种企业形式？要想做出一个较好的企业经营决策，小林还需要了解什么信息？

【案例分析 2】

要不要注册公司？

陈剑同学在高中就和学长一起筹建了一种商战模式，高中毕业后，陈剑考上了浙江的高校，而原来的学长在广东的高校创办企业，并获得了 10 万元天使投资。陈剑想在浙江成立该公司的分公司，为此他特地咨询了学校的指导老师。

指导老师认为，如果是做一项生意，在浙江推广商战模式是可取的；但如果是想做一项事业，没有股权，以分公司名义在浙江推广的模式，商业价值会小很多。从法律角度，分公司不具备法人资格，风险投资要投的是法人公司。

陈剑也没有想清楚，他把指导教师的意见转述给了广东的学长，学长回复道：（1）成立的是子公司而不是分公司，具有独立法人资格，你作为创始人一定会拥有股权，只是总公司跟你如何分配的问题。（2）你在浙江做好了，总公司会有相应股权和期权奖励，你的身份是合伙人身份而不是生意人身份。

思考与讨论：综合以上信息，你觉得陈剑同学要不要注册公司？如果注册公司，最好选择什么样的组织形式？

第 8 章　社会创业

【概念解析】

社会创业（Social Entrepreneurship）又称公益创业，是近年来在全球范围内迅速兴起的一种全新的创业理念，旨在实施追求社会价值和商业价值并重的创业活动，兼顾社会性和企业性，将实现社会价值和企业化运营结合在一起。社会创业不仅涵盖了非营利性机构的创业活动和营利性机构践行社会责任的活动，而且还强调个人和组织必须运用商业知识来为社会创造更多的价值。社会创业的出现标志着我们的社会正朝着公民社会的方向演变，说明社会再分配和公民在社会进步中的角色出现了体制性的变革。

社会创业者指的是那些认识到社会问题，并通过运用企业家精神以及各种方法来组织、创造、管理一个企业，以达到改变社会最终目的的人。当一般的创业者以利润来评估经营成效时，社会创业者则以造成的社会变化作为经营成效评估的基础。大部分社会创业者都在非营利组织或是社区组织工作，但是也有许多社会创业者在私人机构或是政府工作。

社会创业的内涵表明，社会创业作为一种新型的创业模式，除了具有一般商业创业的特征外，又特别注重企业的社会责任感。具体而言，具有以下几方面特征。

1. 以"解决社会问题"为导向

社会问题的存在是社会创业存在的前提和土壤。传统的商业创业尽管也执行具有社会责任感的行为，例如，捐赠、采用环保材料等，但它们并不直接地面对社会问题。而社会创业并非如此。社会创业源自发现一些未被解决的社会问题或者没有满足的社会需求。"解决社会问题"是社会创业者的使命和终极目的。他们为解决社会问题而创造的产品或服务是直接与他们的使命相关的，他们雇用弱势群体人员或者销售与使命相关的产品和服务。社会创业主要受社会回报的驱动，其追求的是问题解决的社会影响最大化效果，用以动员更广泛的力量投入社会问题的解决中。

2. 具有显著的社会目的和使命

社会创业的社会性特征最直接的体现是创造社会价值，具有显著的社会目的性和使命驱动性。社会创业的使命表明社会创业者或机构采取创新的业务模式去解决相应的社会问题，因此社会创业者或机构在社会部门中扮演变革代理的角色，而履行这一角色的手段就是选择一项使命去创造和维持社会价值。与商业创业相比，利润（经济价值）虽然是一个目标，但已不是主要目标，利润是被再投入于使命之中而不是分配给股东。经济价值是社会创业的副产品。创造与使命相关的社会价值的多少是衡量一个社会创业者成功的主要标准。

3. 问题解决方式的创新性

与商业创业不同，社会创业所面对的社会问题在一定程度上具有紧迫性、棘手性、社会危害性等特点，因此，社会创业在解决问题时需要具有比一般商业创业更强的创新性。这种创新性既包括问题解决方式的创新性，也体现在解决问题的组织创新性上。社会创业从根本上说是要创造新的价值（主要是社会价值）而不是简单地复制已经存在的组织或模式。因此，社会创业者或组织需要进行创新和变革，发现新问题，开发新项目，组建新组织，引入新资源，最大限度地弥补"政府失效"和"市场失灵"，有效地解决各种社会问题。创新性还体现在组织的跨界合作和商业模式的创新上。

4. 核心资本的社会性

为确保产品或服务的有效提供，社会创业也需要各类创业资本，例如，场所、设施、资金、人员等。与商业创业不同的是，社会资本如社会关系、合作伙伴、志愿者、社会支持等是社会创业的核心资本。社会资本不同于物质资本和金融资本，它不会由于使用而减少，而是通过不断地消费和使用增加其价值。社会资本具有资源杠杆功能，社会创业者或机构通过构建广泛的伙伴网络关系，能够为创业带来实体资本和财务资本。社会创业的成功与否不是取决于其物质资本和金融资本的多少，而是取决于社会资本的多少。

【教学活动1】

社会创业者特质测试

活动目标：通过小测试，初步了解参与的同学是否具备社会创业者的特质。

活动过程：在谈论社会创业之前，请各位同学先回答以下五个问题：

1. 你是否每年必须有至少三个星期的休假呢？

2. 你是否常常想一些退休以后可以做的事情，并且渴望脱离目前朝九晚五，或者常常加班的办公室生活？

3. 你是否会因为每个月没有固定收入而感到焦虑？

4. 你是否需要朋友或工作伙伴赞同你所做的事情呢？

5. 你是否无法时时刻刻思考如何用其他方式改造社会？

参考答案：如果你有两个（含）以上的回答为"是"，那你就不太具备社会创业者的特质。反之，如果大部分为"不是"，那么恭喜你，你具备了极少数人才拥有的社会创业者的特质。

【教学活动2】

访谈身边的社会创业者

活动目标：通过访谈活动，加深对社会创业特征的理解。

活动过程：以小组为单位，选一位身边的社会创业者，对其进行访谈，将其创业历程进行梳理，并结合对社会创业内容的理解，提出对该社会创业项目进一步发展的意见或建议，并形成不少于500字的报告。报告的主要内容应包括以下几个方面。

1. 如何发现创业机会的？

2. 如何走上社会创业之路的？

3. 创业中遇到的困难及解决对策？

4. 创业项目的社会性体现在哪里？

5. 如何平衡创业项目的公益性与商业性？

6. 获得的外部帮助有哪些？

7. 做出的关键决策有哪些？

8. 错过的机会及失败的经验有哪些？

9. 创业成功或失败最大的经验教训是什么？

10. 创业过程中获得哪些启发与收获？

思考与讨论：通过访谈，思考一下社会创业的公益性与商业性是如何平衡的？

【教学活动 3】

社会企业愿景与使命的制定

活动目标：了解撰写社会企业愿景及使命陈述的步骤及相关要求。

活动过程：请你为拟建立的社会企业撰写一个愿景和使命陈述。其中愿景陈述不超过 30 字，使命陈述不超过 200 字。

1. 用 10 分钟时间为社会企业撰写一份愿景及使命陈述。

2. 3～5 位同学组成一个小组，相互阅读他人的陈述内容，选出小组最佳愿景陈述和使命陈述。

3. 各小组向全班宣读本组的最佳陈述。

4. 全班同学予以评价并投票产生最佳陈述。

思考与讨论：在评选最佳愿景陈述和使命陈述的时候，要遵循哪些原则？

【案例分析 1】

尤努斯和他的格莱珉银行

穆罕默德·尤努斯（Muhammad Yunus）和他所创办的格莱珉银行完全颠覆了传统商业银行的信贷哲学，创造了一种崭新的关注贫困阶层、调动培育穷人民主管理观念的金融文化。可以说，格莱珉银行建立起一个可能引发"银行业本质的革命的新型银行架构，一种新的经济概念"。更需指出的是，格莱珉银行的还贷率高于表现最优异的商业银行。传统分析对此无计可施，因为那些现实中的细节并不为人知晓，这可能是因为经济学家们的自负。不过，从另一个方面来看，尤努斯的实践也证明了这些目空一切者的无知，在对待贫穷问题上，没有面向真实世界的态度，就会陷入"理性的自负"而不能自拔，对于真正推进扶贫却没有半点好处。这是当下经济学家们的普遍尴尬。贷款是一种人权。"我们在庆祝贷款不用抵押品。我们宣布了一个长久的金融隔离时代的终结。贷款不只是生意，如同食物一样，贷款是一种人权。"这是尤努斯博士的肺腑之言。

尤努斯出生于孟加拉国最大的港口吉大港（Chittagong），这是一个有着 300 万人口的较为发达的商业城市。他的父亲是当地首屈一指的制造商和珠宝饰品商人。他的母亲出身于小商贸者之家，是一个受过良好教育、对穷人充满同情心、做事有条理有决断的坚强女性。尤努斯在自传中说："是母亲对家人和穷苦人的关爱影响了我，帮助我发现自己在经济学与社会改革方面的兴趣。"在吉大港大学毕业之后，尤努斯在母校当了五年的经济学教师，在这期间，他创建了自己的企业并获得了极大的商业成功。1965年尤努斯获得富布莱特奖学金的资助，在美国范德堡大学学习并最终获得经济学博士学位。1971年孟加拉国独立，尤努斯放弃在美国的教职，回母校吉大港大学担任经济学主任。1974年蔓延孟加拉国的大饥荒使成千上万人因饥饿而死。在尤努斯感到震撼的同时，开始以极大的热情投入到对贫困与饥饿的研究中。1976年，他开始走访乔布拉村中一些最贫困的家庭。他看到，一个名叫苏菲亚的生有3个孩子的21岁年轻农妇，每天从高利贷者手中获得5塔卡（相当于22美分）的贷款用于购买竹子，编织好竹凳交给高利贷者还贷，每天只能获得50波沙（约2美分）的收入。苏菲亚每天微薄的2美分收入，使她和她的孩子陷入一种难以摆脱的贫困循环。这种境况使尤努斯异常震惊，尤努斯写道："在大学里的课程中，我对成千上万美元的数额进行理论分析，但是在这儿，就在我的眼前，生与死的问题是以'分'为单位展示出来的。什么地方出错了？我的大学课程怎么没有反映苏菲亚的生活现实呢！我很生气，生自己的气，生经济学系的气，还有那些数以千计才华横溢的教授们，他们都没有尝试去提出并解决这个问题，我也生他们的气。"尤努斯在深入了解了苏菲亚这样的赤贫者的境况之后得出结论，这些村民的贫穷，并不是因为他们缺乏改变生活消除贫困的途径与能力，更不是因为他们自身的懒惰与愚昧，而是"因为金融机构不能帮助他们扩展他们的经济基础，没有任何正式的金融机构来满足穷人的贷款需要，这个缺乏正式金融机构的贷款市场就由当地的放贷者接管"，这些当地的高利贷放款者，不但不能使这些赤贫的村民摆脱贫困，而且使他们陷于一种更深的贫困泥潭而难以自拔。在几乎所有的贫困地区，穷人被这些高利贷所控制与剥削，他们不能摆脱高利贷，因而甘受高利贷放款者施加给他们的不公平信贷。正式的金融体系却严重忽视了穷人这一最需要信贷服务的群体，把这些渴望贷款的穷人排除在信贷体系之外，使他们难以用贷款来改变他们的生活。事实上传统正式的金融体系也仍在用各种方式制造着穷人接近正规信贷的障碍。但另一方面，产生此类想法是穷人出身的经济学家的天性使然。

在愤慨和震惊之余，尤努斯终于出手了：1976年，就在他任职的学校附近的乔布拉村，尤努斯掏出27美元借给42个赤贫的村妇，开始了他的微型贷款试验。一个村妇只要很少的钱就能摆脱中间商，而获得全部销售竹凳的利润，这可以使她的家庭改善生活水平，包括为没有房顶的屋子盖上一个锡顶，喝上健康的饮用水等。但通常她们没有东西抵押，因此也就无法取得那少得可怜的钱。而尤努斯的探索终于取得了回报，7年后，格莱珉银行正式创立，这是一家专门为穷人服务的银行。也许评论者会说尤努斯是一个彻头彻尾的天真的理想主义者，竟然违背经济学最基本的"自利最大化假定"而去相信"人性善"。甚至，当格莱珉银行面临借贷者确定无法偿还到期贷款时，也不会假想这是出于借款者的恶意行为，而是调查逼使借款人无法偿还贷款的真实境况，并努力帮助这些穷人改变自身条件或周围环境，使其重新获得偿还贷款的能力。就是依靠这种与传统银行截然不同的信任哲学，目前格莱珉银行已拥有 2226 个分支机构，650 万客户，每年发放贷款的规模超过 8 亿美元，还款率高达 98.89%，资产质量良好，远远高于世界上公认的风险控制最好的其他商业银行，已经成为国际上公认的最成功的"穷人银行"，该银行的"微型贷款"帮助无数穷人实现了脱贫的愿望。

2006 年，尤努斯被授予诺贝尔和平奖，更是鼓舞着更多的人投身社会创业。社会创业是应对政府失灵和市场失灵的矫正力量，它以和平方式达到了以往通过暴力和流血也未能实现的社会目标。尤努斯创建的格莱珉银行虽然是营利性组织，但是该银行却以扶贫为目的，以商业运作的方法和管理模式盈利，不分等级，关爱和信任穷人，帮助他们获得小额贷款，获得创业机会，战胜贫困。诺贝尔和平奖对他的颁奖词是"持久的和平只有在大量人口找到摆脱贫困的方法后才成为可能，尤努斯创设的小额贷款正是这样的一种方法"。

现在全球共有 100 多个国家正在复制尤努斯的经营模式，很多社会创业者开始探索和尝试社会企业的建设，全球许多著名商学院纷纷开设专门课程来传授社会创业知识，eBay、Google 等新兴公司的创始人也以极大的热情投入到社会创业活动之中。我国大学生开办的"滴水恩基金""爱心超市""微笑图书室""捐献时间"等社会创业项目也已经引起了社会的广泛关注。

改编自曹张伟《"穷人银行"的秘密》，《经济》2006 年第 10 期。

思考与讨论：尤努斯表现出怎样的创业者特征？他所创办的"穷人银行"与一般的创业企业有什么不同？

【案例分析 2】

用自行车给玉米去皮儿

每年，公益组织"绿色回声"（Echoling Green）都会挑选一批社会企业，建立为期两年的合作。合作伙伴将得到创业资金和技术支持，以此让自己的社会企业不断壮大。2011 年，"绿色回声"选择的最有趣的合作伙伴也许要属 23 岁的 Jodie Wu，她是全球自行车解决方案（Global Cycle Solutions）的创始人。

Wu 的这家公司生产的设备是将脚踏自行车产生的动力转化后为玉米脱粒，或为手机充电，实验室在坦桑尼亚的阿鲁沙。在这个全国人口 4000 万的非洲国家，只有 10% 的国民能用到电。这个创新可以让用到电的农民人数比重提高 1%。

像坦桑尼亚这种农村人口众多却缺乏电力的国家，以自行车为动力的供电方式似乎是完美的选择。"成千上万的坦桑尼亚人都骑自行车，所以我就选择了自行车，而不用其他东西。" Wu 在最近的一次采访中说，"更进一步的创意是让世界各地有自行车的地方都可以用这种技术"。

麻省理工学院机械工程专业毕业的 Wu 发明的这种玉米脱粒机通过一种特殊装置与自行车相连。用这种机器脱粒比用手动方式快 40 倍，人们不必用一根棍子反复敲打装满玉米的袋子，只需要用脚踩动自行车踏板。

玉米脱粒机造价 60 美元。于是问题来了，在坦桑尼亚，96.6% 的国民每日生活开支不足 2 美元。Wu 也承认这台机器的成本相对太高，无法推广。但她很快想到利用企业将脱粒机带给当地人。她和小型金融公司合作，农民可以采用贷款方式购买她的产品。没有人会拒绝一个"大幅提高生产力，小额贷款的风险相对较低"的机器。

全球自行车解决方案也提供了一种 10 美元的手机充电器。它也是由自行车提供动力。Wu 说："你可以骑着车到处逛，只要车在走，就可以充电。如果每天骑行至少 6 公里，就再也不用担心自己的手机没有办法充电了。"

麻省理工学院的一项研究显示，非洲是目前全球移动电话增长最快的市场。2018年，非洲大陆的手机销售量超过了 2 亿台。非洲移动互联网数据使用量占到全球的15%，强劲的发展势头催生了电子商务、网络教学、移动支付等一系列移动终端产品。由于用电率低，手机应用增长率增加，以脚踏自行车为动力的手机充电器应该会有大量市场需求。

Wu 表示，下一步是让全球自行车解决方案在坦桑尼亚自给自足，然后将它推向全球。全世界约有 10 亿辆自行车，毫无疑问，这家新兴企业的产品会获得全球关注。

思考与讨论：如果这项发明引进到中国，你认为还可以改良使用到哪些产品领域？

【案例分析3】

免费午餐发起人邓飞做社会企业

"今晚，我们再一次为爱冲锋！干掉 10000 罐红糖！"邓飞同时在微信、微博吹响了集结号。在云南省的边陲城市镇康，雷电交加，大雨瓢泼。邓飞和他的团队正忙着卖红糖。前一天，他在当地参与了砍收甘蔗，经过榨汁、过滤、煮汁……很快，e农品牌的古法酿制红糖就进入销售状态。他设定了当晚销售 10000 罐红糖的目标，不到半小时，卖出 4000 多罐。当晚，目标顺利实现。

（一）

"我们现在建立了一个模型，带着几百名网友到乡村去，一起在互联网上传播、展示优质农产品,再通过微博、微信卖掉,这拨人就是'核武器',持续裂变,所以我们可以一夜之间卖掉10000罐红糖。"在接受采访的过程中,邓飞总是会把话题绕回包括红糖在内的农产品销售上。他说,他在进行战略转型,从帮助孩子到帮助孩子的父母。

2011年起,邓飞先后发起"免费午餐""大病医保"等公益项目,探索解决困厄乡村儿童的系列难题。他和他发起的公益项目声誉日隆,拿到中国几乎所有公益奖项。但是,每天近20万元的输血式投入让他感受到压力,正如经济学家许小年对他所说:"你不能只是这边伸手要钱,那边送钱。自己造血,也要让乡村自我造血。"而且,对于6100万留守儿童来说,任何公益援助都无法取代父母的爱与陪伴。

为解决贫困乡村的自我造血问题,邓飞再一次选择了联合作战。不同的是,他这次联合了他就读的中欧国际工商学院。200多名校友一起发起了社会企业"e农计划",他们共同出资成立非公募基金会,由基金会投资若干商业公司运作乡村的优质资源,所产生的盈利不分红而是返回基金会用于其他公益项目。"我这次联合了很多工商界人士,因为商业的事还是得由企业家来做。他们有严密的组织、有商业运作的经验和大量的资源,还是主流消费人群。没有他们,我不敢动乡村经济发展的主意。"

邓飞做公益的那些县,穷了几千年,"有人说能想的办法,早就有人想了"。但他还是找到了突破口。那些贫困县因为边远封闭,保护了原生态,拥有城市居民期望的洁净水、空气、食材和优美环境,而互联网和物流的发达使得原生态的农产品不再遥不可及。同时,以推动经济发展的方式吸引人力和其他资源回流——"帮农产出村,让爸爸回家",邓飞希望从根本上解决中国城市化制度性抽空乡村人财物的问题。

(二)

"e农计划"最早的受益者是云南大山中一位名叫四宏的孩子,他身患先天性心脏病,在11岁时体重仅相当于5岁儿童,面临着父亲出走、母亲改嫁的境遇,只剩爷爷和家中一棵核桃树可以依靠。

2013年,大病医保团队救助了四宏,通过"e农计划"销售出去的核桃所得也让祖孙有了稳定的生活。后来成为"e农计划"发起人的消费者汤浩意外地发现,核桃让他和一个孩子、一个家庭有了情谊。

此前,邓飞将主要精力用于盘活中欧校友的资源来运作"e农计划",但现在,他把注意力重新放到微博、微信上。"我最大的优势是那些信任我们、曾经跟我们一起帮助过孩子的一百多万捐赠人和志愿者,他们对孩子、对家庭有更强烈的情感共鸣。我的朋友告诉我不要丢了最重要的东西,那些用几块钱支持我的人才是根本。"

所以,邓飞开始和大家谈心。与"免费午餐"等靠捐款为继的公益项目不同,"e农计划"倡导"购买就是做公益,消费也能帮孩子"的理念,孩子家庭收入增加了,孩子的困境就可以缓解,逐渐实现公益资金募集的可持续化。

(三)

在未来几年,作为"e农计划"理事长的邓飞将更专注做一件事——想方设法扩大

农产品销售，千方百计帮农民创收。媒体、公益出身的他模仿起了淘宝卖家——爆款，依托电商平台及其产生的大数据分析，每个月集中力量主打一款贴牌"e农春天"的农产品。"我们只能够去打这种突袭，我们不能打阵地战，创新才能活下去。"因为对于以"烧钱"著称的电商行业，"e农计划"不到300万元的投资显得捉襟见肘。

"e农计划"副理事长周勇介绍说，"e农计划"初步集中在三个步骤上：首先筛选优质、特色的农产品，再送至专业的机构检测，经过原生态等理念设计包装后在淘宝、微信等平台上销售出去。许小年认为，电商模式破除的多重中间环节为农民留下更多利润，是眼下城乡最大的经济机会。

要突袭，就要轻快灵活。出于节约成本和专业分工的考虑，邓飞将物流、设计甚至客服等流程全部外包，将有限的资源全部集中到品牌建设和品控环节。他说，"免费午餐"的生命线是信息透明，"e农计划"的生命线是食品安全。所有进入e农销售平台的农产品除了要提交合法的质检报告外，还需经过"e农计划"委托的第三方检测机构检测。说到这里，邓飞一本正经地对记者说："山里的人穷得都没有钱买农药，但做大了，就可能有变化，检测要做到前面去。"

在邓飞的设想中，"e农计划"将来会形成一个生态圈，不仅有旅游、食品、养老院，还可以推动传统文化项目发展。公益组织也将被邀请驻村培训农民如何决策开会、选举带头人，形成一套模式后再复制推广，最终完成战略包抄——乡村再造。

当记者问及这个设想是否超出了他的能力范围时，邓飞说他只是个"播种的人"，而不是"火车头"，并且在选择项目时坚持两条标准：是否合乎自己再造乡村的梦想，是否合乎自己的能力。他说"e农计划"的理事会下设多个专业委员会，投资、运营都有专业人士负责，所有的设想和运作都围绕提升乡村经济展开，而他就是一心一意先把销售做扎实。"我不着急，先抓住切口。我千方百计把销售问题解决了，就会引导生产，生产上来后整个乡村的组织形态、结构全部要发生改变。我们再一次对中国乡村再造牵一次'牛鼻子'。"为了保证全力以赴，邓飞甚至提前完成了对"免费午餐"等公益项目的"去邓飞化"民主改造。他退出管委会，建立志愿者自治与分权制衡，以便抽出身来推动"e农计划"。

邓飞说，"e农计划"是他迄今以来最艰难的一次尝试，"正面挑战的是中国社会最深层最复杂的问题。"他能赢吗？他说，他不知道，但他在做一件他认为有价值的事。"帮农产出村，让爸爸回家，支持中国乡村自我造血，有尊严可持续发展。"这个来自湖南乡村的男子说他"愿意为之而战"。

改编自章伟升《邓飞卖红糖》，《中国慈善家》2015年第2期。

思考与讨论：邓飞的"e农计划"体现了社会创业的哪些特征？

【案例分析4】

老爸评测

在我国，也有很多非常优秀的社会企业，"老爸评测"就是其中一个十分典型的案例。2015 年，魏文锋偶然发现女儿使用的包书皮存在有害物质。仅仅拿着检测结果，告诉学校的老师，让他们不要再要求孩子使用包书膜，这只能保护自己和身边朋友的孩子，全国还有多少不知情的家长在为孩子购买这样的毒包书皮，这些看不见的危害侵害了多少孩子的身体健康，日积月累，后果不可想象。魏文锋决定办一个微信公众号，向全国的家长宣布检测结果。而这篇报道毒包书皮的微信文章被家长们疯狂转载，点击量迅速达到 10 万 +，自拍的视频点击量达到 60 万 +，引起了全国轰动。得到了上万家长的支持，这让魏文锋有了更多的信心去为孩子们的安全多出一份努力，他的公益检测之路也就此开始。

2015 年 6 月，魏文锋自筹资金组建团队，发起了"老爸评测 DADDYLAB"项目，凭借强大的专业技术支持，以社会企业为平台，"发现生活中看不见的危害"的口号，坚决与有毒产品死磕到底。随着项目的影响力越来越大，魏文锋也越来越忙碌。2016 年 3 月，他不顾家人的反对，毅然辞去华测瑞欧总经理职务，放弃百万年薪，全职做"老爸评测"。目前，"老爸评测"已经检测了将近 40 种课桌上、餐桌上常用的产品，包括铅笔、橡皮、切菜板、蚊香、婴儿尿不湿等，就连学校的教室、跑道也都一并操心了。

既然市面上这么多有毒产品，消费者单是看产品的评论、别人的推荐并不能做出正确选择，而且短时间怎么才能买到安全无害的产品呢？魏文锋选择和电商平台合作，在有赞移动电商服务平台，开了一家"老爸评测"的微电商，将检测合格的产品进货，供家长挑选。这家微电商有一个特别之处就是它是靠家长众筹的模式运营，并不通过差价赚钱，只收回产品的成本价、包装盒和人工费。给消费者充分参与的自主权，用良币驱逐劣币，这种的举措充分得到了家长的信任，"老爸评测"每月能获得上千订单，月入几十万元。这样的模式让"老爸评测"有了自我造血的能力，可持续发展的希望，生存问题和社会问题都一并解决了。

凭借着超高的人气，"老爸评测"一举获得了 2016 年社创之星的总冠军和"最佳人气王"两个奖项，作为一家初创机构，却能在较短的时间内获得这么大的影响力，其以家长参与互联网众筹的创新模式、对产品检测的高要求、电商平台运营的做法、社区营造的传播理念都是值得其他机构去学习和借鉴的。

思考与讨论： 结合上述案例，你认为与注重商业性的创业相比，社会创业有哪些显著的特征？

【案例分析5】

不同社会企业的愿景与使命陈述

北京星星雨教育研究所愿景使命陈述

我们帮助孤独症儿童，使他们得到早期个别化教育；帮助孤独症家长认识孤独症，并掌握在生活中促进孩子良性发展的知识和技巧；促进社会认识、理解和接纳孤独症儿童，尊重他们的生存和发展的权利。

西乡县妇女发展协会机构的愿景和使命陈述

愿景是实现贫困妇女创造自我生活，使命则是利用国内外捐赠和有偿的融资资金，运用创新的金融手段和严格的管理制度，为贫困妇女提供信贷服务，提高她们经济收入。

欣耕工坊愿景和使命陈述

欣耕致力于提升弱势群体社会生存能力，授之以渔，为其创造平等的发展机会。通过发掘弱势群体的市场机会，搭建业务平台，通过产品设计、培训、生产、贸易、扶贫、再培训、再生产的方式，开创"造血式"扶贫项目，以商业化运作在为弱势群体创造社会竞争力、独立生存能力的同时，帮助他们重建信心，致力于从根本上解决弱势群体社会问题。

英国桑德兰家庭护理协会愿景和使命陈述

通过与私人部门激烈竞争，同时与公共部门紧密合作，极力扩大社会企业在英国健康与社会护理市场中的份额。

英国国家自闭症学会愿景与使命陈述

英国国家自闭症学会致力于保护自闭症患者的权利和利益，为所有自闭症患者及其家庭提供可以获取的、值得信赖和依靠的帮助、支持和服务，并使其生活发生积极变化。该学会提供的名为"前途"（Prospects）的就业服务项目旨在为所有自闭症谱系障碍患者提供一如正常人那样的培训和就业机会。该服务项目还与雇主合作，共同致力于自闭症谱系障碍患者的招聘、培训和留用工作。

英国儿童互助基金会的使命陈述

促进青少年亲自参与职员和奉献项目，该计划针对来自不同家庭背景的孩子，从他们很小的时候开始，就向其教育和灌输社区参与和公民参与的价值和意义，强调为服务水平较低的学校提供资源。

思考与讨论： 上述这些社会企业有哪些共同的企业愿景与使命？

第9章　企业选址

【概念解析】

李嘉诚有一句投资名言："决定房地产价值的因素，第一是地段，第二是地段，第三还是地段。"新创企业位置的重要性也是不言而喻的。企业选址，即设施选址，指如何运用科学的方法决定设施的地理位置，使之与企业的整体经营运作系统有机结合，以便有效、经济地达到企业的经营目的。企业选址是关乎企业未来发展的大事，是企业整合内外资源、建功立业的重要平台。位置本身就是一种稀缺资源，对于各种类型的企业都具有战略意义的投资，对企业有全面、深远的影响。虽然不同类型的企业对选址的要求有特殊性，但一般而言，创业者选择生产经营场所需要考虑六个方面的因素：政治因素、经济因素、技术因素、社会因素、自然因素和人口因素。

（一）政治因素

选择新企业地址，创业者应重视对当地政府在市场发展、产业发展等方面相关规定的研究。研究当地政府已经出台的法律法规对新企业产品或服务、销售价格和营销策略等产生的影响，使新企业经营管理合法化；研究政府在不同时期发展产业的重点和优惠政策，可将新企业建在政府支持该产业的地区，使新企业抢占市场先机。一些地区为了促进地方经济的发展，"求资若渴"，往往出台许多吸引企业在当地落户的政策，划出各种特区和经济开发区，低价出租、出售土地使用权、厂房、仓库等，并在税收和融资方面提供多种优惠。这些地区的道路、通信等基础设施条件往往也较好，辅以"筑巢引凤"的政策，会吸引大批相关企业进驻，从而形成集群，产生协同效应，在这个地区的每一个企业都会从中受益。此外，地方政府的行政效率高低、官僚主义是否严重、是否清廉与透明、对规则是否尊重等，也是需要考虑的因素。即便是在国外设立新企业，也同样需要考虑不同国家的政治环境，如该国对某一产业发展政策是否支持，对外国人设立公司是否有歧视政策等。

（二）经济因素

经济因素决定了新企业预选地区的购买力，一般反映在银行存款、消费者收入水平、家庭总收入等指标上。创业者还应注意考察新企业预选地区的商业环境，是否形成了具有竞争力的企业集群，这种企业集群构成了企业竞争中最为主要的微观经济基础；并且标志着此地区经济的竞争力。各个企业间形成一种竞争与合作的商业伙伴关系，这样一群具有竞争力的企业和一系列高效运转的机构共同促进该地区的繁荣发展。新企业将地址选在与自身产品或服务相关联企业和相关机构相对集中的地区比较容易成功。比如制造业选址最好在原材料供应地附近，以降低采购成本和提高原材料的可获得性，对那些原材料依赖性强的企业而言更是如此。运输便利程度对制造业企业而言是一个重要的考量因素，企业根据产品及原材料、零部件的运量大小和运输条件，应尽量选择靠近铁路、高速公路、航运码头等交通条件理想的地区。对任何一个制造企业来说，选址还必须考虑水、电、气、冷等能源的供应及三废（废水、废气、废渣）的处理条件。对于那些能源消耗很大的企业，能源供应是否足量和稳定对企业的发展有举足轻重的影响。

（三）技术因素

以科技研发与生产为发展方向的高科技企业在选址时，创业者可考虑将新企业建在某地区的技术研发中心附近，或建在新技术信息快速传递的地区。这样可及时了解和掌握国内外新技术发展变化的新规律、新特点和新趋势，避免技术本身进步的难以预测性和技术市场变化的不确定性对高科技新企业带来的影响。美国加州的硅谷作为高科技创业企业生成的摇篮，集聚了微软、谷歌、Facebook 等一大批世界知名企业，在20世纪50年代以后逐渐发展成为美国电子工业的基地，并以电子工业为基础形成了高科技企业集群，被认为是20世纪企业集群的典范，成为美国经济社会发展的重要引擎。

（四）社会因素

选择新企业地址，创业者应考虑新企业地址所在城市的影响力、地区文化与商业文化；分析新企业产品或服务目标消费群体的文化品位与消费心理。不同文化背景的消费者，由于生活态度与价值取向的差异，导致他们对健康、营养、安全与环境的关注程度有所不同，会直接影响新企业产品或服务的市场需求与市场拓展。如果新创企业所在地区社会安定、适宜居住，学校、医院、体育娱乐设施齐全，那么企业不但能留得住人，而且能显著降低用人成本。故应尽量选择能给员工提供良好居住、教育、购物、交通、娱乐、保健等环境的地区。

（五）自然因素

新创企业选址时需考虑所在地区的地理、气候等自然条件，温度、湿度、气压等因素会对产品质量、产品保管、员工生活等许多方面产生影响，企业在气候适宜的地方投产，可显著降低通风、采暖、除湿、降温等费用，还能避免气候原因导致的停工降产、交货延误等困境。同时应考虑地理环境对选址是否有利，一是交通便利与畅通的程度，交通条件方便与否对新企业的营销有很大影响；二是所选地址周围的卫生与硬件设施状况，以及繁华的程度。新企业地址选在卫生环境好且在车站附近、商业区或人口密集度高的地区或同一行业集中的街上，新企业将具有较大的优势。

（六）人口因素

创业者应该对可能成为新企业的消费群体的消费者有所了解。要重点了解该地区的人口结构、人口数量以及人口稳定状况，消费者的就业与收入情况；还要了解消费者的购买习惯、消费能力等状况。人口因素往往反映该区域的市场需求及市场容量。一般情况下，新企业地址附近的人口越多、越密集，对新企业的经营发展就越有利。人力资源的可获得性对于新创企业的选址至关重要。不同地区的人力资源状况差别甚大，劳动者受教育水平、劳动技能、对工资的期望值都不同，这是制造业选址时不得不考虑的。选择劳动力资源丰富、劳动者素质较高、工薪水平相对低廉的地区，有利于降低企业的运营成本。

上述各种因素对不同行业的新企业选择地址而言，考虑的侧重点有所不同，应具体情况具体分析。

在为新企业选址时，你可以运用以下策略和技巧：

1. 在收集和研究市场信息的基础上选址

依据影响企业选址的多方面因素，创业者可自己或借助专业的机构收集市场信息，并对收集的多方面市场信息进行定性与定量的科学分析，在此基础上进行科学选址。

2. 在考察和评估被选地址的基础上选址

创业者要对多个被选地址进行实地考察，并采用科学的定量分析方法对备选地址进行分析与评估。然后按照新企业地址"必需的"和"希望的"需求进行详细的分析后，选择最佳地址。

3. 在咨询与听取多方建议基础上选址

创业者经过咨询有经验的企业家或相关人士，把新企业选址的备选方案与最佳地址呈现出来，听取他们的意见与建议；并综合其他信息，制定详细的备选地址优势与劣势对比表，按照新企业所进入的行业特点与新企业的市场定位等特征，综合运用选址的评估方法，最终做出新企业的选址决策。

【教学活动1】

李老板的章鱼小丸子店

活动目标：熟悉企业选址的流程及寻址的关键因素。

活动形式：先以个人形式，再以小组形式完成。

活动过程：

1. 老师把选址工作表发给每一位学生，然后讲下面一段故事：

刘馨予和男友李俊月大学毕业后没找到合适的工作，从上海回到家乡。两人琢磨着想要做点什么。上学时的刘馨予和李俊月曾经都是狂热的"章鱼小丸子"爱好者，他们相信一定也有很多人爱吃炸章鱼丸子，所以两人决定在老家广西河池开一家章鱼小丸子店。他们找亲朋好友借了2万元启动资金，并开始寻址，请大家一起帮他们找家合适的店面。

2. 借助电脑或手机地图，选择你心目中理想章鱼小丸子店地址，在工作表中写下5项你认为最关键的选择因素。

3. 当大家都完成之后，老师把全班同学分为4组，以小组形式开始进行讨论，将大家认同率最高的地址，填写到选址表上。把5项大家认为最重要的选择因素，写在工作表的第二栏，并总结选址流程，写到白板纸上。

4. 各组展现结果。

5. 老师依据选择选址结果、活动参与表现、展现状况给出团队分及总结。

企业选址影响因素统计表

企业选址结果		个人选择	小组选择
影响因素	1.		
	2.		
	3.		
	4.		
	5.		

思考与讨论：通过这个活动，你认为企业选址的流程有哪些？你认为，影响李老板选址章鱼小丸子店的最关键因素是什么？为什么？

【教学活动 2】

你要拯救谁

活动目标：这个活动没有固定的答案，主要是考核应聘者的组织能力，性格、价值取向是否和企业文化及岗位相匹配，主考官的主观性比较强。

活动形式：以无领导小组讨论的方式，个人先完成，之后再以小组形式完成。

活动道具：救援名单表。

活动步骤：

第一步，老师讲述故事，发放救援名单。

一艘在东海上航行的中国轮船不幸触礁，还有半个小时就要沉没了。船上有 16 人，可唯一的一艘救生小船只能搭载 6 人，哪 6 个人应当首先被救上救生船呢？

救援名单

角色	性别	年龄
船长	男	36
船员	男	38
盲童（音乐天才）	男	17
某公司经理	男	34
副省长（博士）	男	42
省委副书记	女	42

角色	性别	年龄
船长	男	36
省委副书记的儿子（研究生、数学尖子）	男	24
某保险公司销售员（白族）	女	20
生物学家（获国家重大科技进步奖）	女	51
生物学家的女儿（智力障碍者）	女	14
公安人员	女	25
某外企外方总经理（白种人）	男	38
罪犯（孕妇）	女	25
医生	男	38
护士	女	25
因抢救他人而负伤的重病人（昏迷）	女	25

第二步，请同学们选出记录员一名后进行小组自由讨论；在规定时间内得到一致结果，并选派一位代表陈述讨论的结果并说明理由。

思考与讨论：你是如何选择 6 个人的？考虑的理由是什么？通过刚才的小组讨论，你还会改变原来的选择吗？为什么？

【案例分析 1】

"绿巨人"星巴克是如何选址的？

星巴克是 1971 年成立的美国著名连锁咖啡公司，现在已成为全球最大的咖啡连锁店，其总部坐落于美国华盛顿州西雅图市。星巴克在全球范围内有着不计其数的分店，遍布北美、南美洲、欧洲、中东及太平洋区。今天的星巴克，其销售额的年均增长速度已经在 20% 以上，利润平均增长率则达到 30%。星巴克已从昔日西雅图一条小小的"美人鱼"进化到今天遍布全球 40 多个国家和地区的"绿巨人"。

星巴克自 1999 年进驻北京后，目前在中国的分店数量已超过 4200 家，且持续增长的势头非常明显。一个普通的咖啡店在中国大部分一线城市开有门店，这样的开店速度让其他咖啡店难以匹敌。之所以能够如此，除了星巴克刻意宣传的企业理念和咖啡文化，正确的选址策略成为其迅速扩张的保障。由于星巴克本身属于比较高端的服务业，其目标人群均拥有较高文化水平和消费水平，因此以经营一种文化为灵魂的星巴克在选址上几乎不考虑原材料等与劳动力的问题，其分店选址关注以下几个影响因素：

1. 所处地区的消费水平情况

星巴克所定位的客户是那些都市时尚的消费人群——以办公楼白领居首。星巴克登陆中国，也把目标锁定在了北京、上海这两个中国最大的城市。北京作为中国的政治、经济、文化中心，星巴克可以在此更好地传达其精选咖啡的理念；上海作为中国最具开放性的大都市，吸引着全球的目光，因此也是星巴克的首选。星巴克主打精选咖啡的品牌，当然在价位上会比速溶咖啡高得多。因此，星巴克选址锁定的目标，一定是具有一定消费水平和易于接受西方咖啡文化的人群，都市的白领由此成了其最大的消费群体。

2. 顾客流量情况

星巴克选址首先考虑的是诸如商场、办公楼、高档住宅区此类汇集人气、聚集人流的地方。对星巴克的市场布局有帮助，或者有巨大发展潜力的地点，星巴克也会将其纳入自己的版图。大型的商场和办公楼人流密集，有着足够的顾客流量，保证了星巴克的利润基础。而在高级写字楼、高档住宅区等特定场合，也有助于星巴克建立其品牌的追随者。可见，星巴克在中国正在逐渐渗透其咖啡文化。当然，对于具有良好未来发展前景的区域，星巴克也会把其纳入选址的范围。星巴克全球最大的咖啡店是位于北京的星巴克丰联广场店，当初该店开业时，客源远远不能满足该店如此大面积的需要。经营前期一直承受着极大的经营压力，但随着周边几幢高档写字楼的入住率不断提高，及区政府对朝外大街的改造力度不断加大，丰联店已经成为该地区的亮点。咬着牙关苦心经营了多年之后，现在该店的销售额一直排名北京市场前列。

3. 交通便利情况

无论是商场还是办公楼，星巴克总会出现在其最醒目的位置。购物的人们累了，可以在商场的休息区域发现星巴克的标志。办公楼里的白领们在上班的路上，也能顺路带上一杯星巴克咖啡，开始一天的工作。星巴克还有一个特点，便是敞开门面，在店外也给客人提供座椅，这无形也是给自己树立一种自然、轻松的文化品牌。很多的都市白领都有这样一句话："我不在星巴克，便是在去星巴克的路上。"星巴克，选择的是成为顾客家与工作地之间驿站的角色。星巴克这种在家与工作地之间的三点一线，很好地把顾客联系了起来。

4. 竞争对手情况

中国是一个茶文化盛行的国度，将咖啡作为主打产品进入中国是有一定难度的。类似于一茶一坐的成功，似乎在强调着这一点。尤其是中国的咖啡市场，已经有了像雀巢这样的速溶咖啡老大。星巴克所面临的，不仅仅是中国传统文化的挑战，更要与其他咖啡公司竞争中国这片广阔的市场。星巴克不仅仅把其优质的精选咖啡作为其主打品，更是将其融入了咖啡文化的内涵。星巴克想告诉顾客，他们在体验一种全新的文化，一种西方的文化。而事实告诉我们，星巴克的文化，已经很好地融入中国这片古老的东方大地。

星巴克选店流程一般分为两个阶段，第一阶段是根据各地区的特色选择店铺：

当地的星巴克公司根据各地区的特色选择店铺。这些选择主要是来自三个方面：公司自己的搜寻，中介介绍，还有各大房产公司在建商业楼的同时，也会考虑主动引进星巴克来营造环境。

第一条选址方式是公司自己的搜寻，作为一个靠客流量生存的咖啡馆，星巴克选址首先考虑的就是诸如商场、办公楼、高档住宅区此类汇聚人气人流的地方。在这三类之中，星巴克最多的落脚点就是大型购物商场。星巴克分店选址的成功并不是偶然的，其抓住了自己所在行业选址的核心——客流量，并且清楚自己所面对的客户群，因此其选址都有一个共同点：中高消费能力人群的聚集地。另外最重要的一点，它对于选址足够重视，星巴克有独立的扩展部来负责选址事宜，包括店面的选择、设计以及仪器的安装等一系列工作。

第二条选址方式是中介介绍，当一个管理团体决定新进入一个区域，可能要花很长时间来了解区域的构造、人群的组成结构等，而节省时间和金钱的方式之一就是求助于中介，中介有着对区域的足够熟悉度，也有灵敏的嗅觉来嗅出咖啡店的最好选址。但是当中介对公司的文化、定位以及消费人群不够了解时，公司就会承担一定的风险。所以说在选择这一条选址方式的时候，沟通很重要。当然星巴克喜欢自食其力，所以选择这一方式的时候并不多见。

第三条选址方式则是由商场来引进，这一种方式是被动的，但恰恰又是星巴克在选址中运用最多的一个方式。这是星巴克在营销方面比较成功的一处，它对自己的定位明确，是高档的休息场所。在这种选址方式中，比较成功的一次是南京东方商厦与星巴克的合作，他们一拍即合，以抽成的租金方式，建立了在南京的第一家星巴克。随即，星巴克在南京的北极阁地区开出了第二家连锁店。将第一家店开设在新街口，看中的是其稳定成熟的商业氛围，可以维持营业额的稳定。并且将第二家店开设在北极阁，主要是看好以后的增长。星巴克多出现于商场内部，因此每建成的一座商场在考虑招商的时候都会把星巴克考虑在内，这是最简洁也是最令人敬佩的一个层次：顾客来找你，而不是你去找顾客。

第二阶段是总部的审核。一般来讲，星巴克的中国公司将店面资料送至亚太区总部由他们协助评估。星巴克全球公司会提供一些标准化的数据和表格，来作为衡量店面的主要标准。而这些标准化数据往往是从各地的选店数据建立的数据库中分析而来的。事实上，审核阶段的重要性并不十分突出，主要决定权还是掌握在当地公司手中。往往在待批的过程中，地方店面已经开始动手装修。

星巴克从一个无名小卒成长为一位耀眼的明星，并迅速演变为一种标榜流行时尚的符号。在都市的地铁沿线、闹市区、写字楼大堂、大商场或饭店的一隅，在人潮汹涌的地方，那墨绿色商标上的神秘女子总是静静地对你展开笑颜。

思考与讨论： 从星巴克的案例中，你如何看待企业选址的重要性？在企业选址中如何兼顾品牌文化？

【案例分析 2】

西点大王"好利来"如何为新门店选址？

与传统正餐相比，以经营蛋糕、面包、点心为主的西饼店正以其特色获得很多消费者的青睐。对创业者而言，无论以哪种经营方式来运作西饼店，店铺位置的选择显得尤为重要。俗话说"一步差三市"。即开店地址"差一步"，就有可能"差三成"的买卖。因此，不管是加盟连锁品牌还是自创品牌，选址是否合理是创业者首先考虑的重点。

　　谈及市场上经营成功的西饼店，不能不提及好利来。成立于1992年的好利来，已在全国70多个大中城市拥有900多家直营店铺，成为国内焙烤行业的龙头企业。作为好利来专职的开发管理人员，屈宝良讲述了连锁饼店在选址过程中遵循的规律。好利来在选址方面的经验将对创业者选址起到借鉴和指导作用。在屈宝良看来："好利来经营的产品属于休闲类食品，顾客是具备了一定消费能力的人群。因此，在选址时首先要对选定的地方进行人群调查分析，看是否满足开店的基本要求。"所以，对人流量和购买力的分析是开店的基础。通常而言，在人口密集处的地段开店，成功的概率往往比普通地段高出很多。好利来在选址之初会通过对人口密度、客流量、人口流动的测算来预计人口密集的程度。例如，可以用每平方公里的人数或户数来确定一个地区的人口密度，人口密度越高，则进驻该区域的可能性越大。同时，在评估某具体项目时，应认真测定经过该地点行人的流量，这也就是未来商店的客流量。经过以上相应的数据测算之后，好利来进驻的区域大致包含以下几方面特征：

　　首先，位于商业中心或商务区中，人流量大，且面对的顾客多是白领阶层。例如，好利来在北京西直门等地的店铺便是如此。

　　其次，临近居民区，这些区域面对的客群主要以当地居民为主，流动客群为辅。

　　最后，学校门口、人气旺盛的旅游景点、大型批发市场门口等地也是好利来考虑的开店区域。

　　此外，调查区域的购买力水平是好利来进驻与否的重要考核标准。在人流量很大的城市商业中心或者商务区内，可以根据区域内写字楼和商场的档次来评定流动客群的购买水平。而如果在住宅区域内开店，则需要对小区内人口的收入水平进行随机抽样的调查，因为人口的消费水平是由其收入水平决定的。因此，以青年和中年顾客为主，有较多可支配收入的居住区将会被好利来优先选择。

　　企业选址是指企业在开业之前对经营地址进行论证和决策的过程。创业者要充分认识到企业地址的选择对企业经营发展的重要性，对影响企业选址的诸多因素进行科学分析，掌握并运用企业选址的策略和技巧来进行科学合理的选址，从而确立与其他企业竞争的"地利"优势，也为企业长远发展奠定良好的地理位置基础。

　　思考与讨论：好利来西饼店的新开门店，在选址方面看中哪些因素？

【案例分析3】

陈玉玲的休闲小吧

陈玉玲大学毕业后就有自己创业的想法了，经过自己的考察和朋友的建议后，她选择了开一个小型休闲吧。大连人在娱乐方面较喜欢打扑克，陈玉玲就看好了这个市场，考虑到大连一些繁华地带已经有了很多著名品牌的连锁咖啡店，陈玉玲就决定从次一级的地段入手，黄河路沿线成了她的首选。看了好几个地方，租金都太贵，后来一个大约60平方米的小店面吸引了她。这个地方原先开过饭店，包间的格局基本已经定了，装修不用太费劲，而且原来的经营不太好，房东租得很便宜，每个月只要2000元。一个缺点就是不临街，而是在黄河路的侧面上。但房东的热情劝说让她下定了决心，后来这个缺点成为影响营业额的重要原因。

装修的花费不高，在墙上刷上黑色、黄色的油漆，挂上一些葵花、舵轮、纸灯什么的，格调就出来了，她又购置了一批藤质的桌椅。小休闲吧里包括两个小包间和五个散台，再从朋友那里找来一些时尚的杂志，租下来10天左右就开业了。收入的主要来源就是饮料和小吃等，为了拉开消费档次，陈玉玲将每杯饮料定位在15元左右，基本一来就是4个人，再加上扑克、小吃等消费，所以基本一桌消费就是100元左右。陈玉玲预计一共7张桌子，按一半的上座率，每天翻两台，每天营业收入就可以达到700元。咖啡、小吃的成本很低，初期只请了一个服务员，工资600元。这种小吧只在客人刚来的时候忙一点，太忙了自己就顶一阵。这样每月的营业额能达到2万元。

但实际情况并不如陈玉玲估计的那样，地段不醒目，客人来得零零落落，周围几个没有固定职业的邻居倒是常来。因为没设最低消费，他们只要一壶20元的茶水，几个人就能坐上一天。烟抽得很大，小店面积还小，也影响了别的客人。陈玉玲想了几种办法来增加人气，联系几位常玩的朋友，让他们把客人往这儿带，发打折的会员卡等。一番努力之下，人来得渐渐多了，这时候地段又成为致命的影响因素，朋友让人来，电话里说了好几遍人家也不知道怎么走；发传单，标明小店的位置也费了很大周折。

经过很长时间的努力，随着熟客的增加，陈玉玲的小休闲吧才渐渐上了人气，业绩随着逐步有了增长。

思考与讨论：除了租金，陈玉玲在企业选址时候是还应该考虑哪些因素？

【案例分析4】

2019年企业选址十大事件

一家企业的选址，是一个新闻事件。同一产业类型企业的选址动向则描绘出一个典型产业的转移脉迹。通过盘点2019年度十大选址事件，对不同行业类别不同产业类型企业选址的观察研究，进而可以明晰企业选址的路径，窥视经济发展的趋势。

Top 10 亦庄国投注资100亿元，蔚来新工厂落户北京？

金额：百亿

区域：华北/北京

行业：新能源汽车

2019年5月底，蔚来汽车与北京亦庄国际投资发展有限公司签订框架协议。根据协议，亦庄国投向蔚来出资100亿元以获取持有蔚来中国的非控股股东权益，并协助蔚来中国建设或引进第三方共同建设蔚来中国先进制造基地，生产二代平台车型。7月，蔚来汽车科技有限公司在北京亦庄注册落地。

10月，蔚来被曝出与浙江湖州洽谈一笔超过50亿元的融资意向，但地方政府经评估后认为风险太大将计划搁浅。

以蔚来为代表的造车新势力在2019年遭遇传统车企与外来势力的双重夹击，市值从2018年的超130亿美元跌至如今的不足40亿美元，生存现状举步维艰。新能源汽车作为新兴产业，政府为引进龙头企业，不惜将政策和投资打包奉送，企业越来越难对诚意礼包说"不"。但面对新能源汽车的洗牌之势，地方在招商时也愈加审慎。

Top 9 三星追投80亿美元，西安成全球最大闪存芯片制造基地

金额：千亿

区域：西北/西安

行业：集成电路

2019年12月，三星电子对西安芯片工厂增加80亿美元投资，以促进NAND闪存芯片的生产。投产后，西安工厂产能将占三星电子全球产量的40%，成为全球规模最大的闪存芯片生产基地。

三星于2012年落户西安以来，一期投资108亿美元；二期总投资150亿美元（第一阶段70亿美元、第二阶段80亿美元），累计投资258亿美元，约合人民币1815亿元，成为改革开放以来，我国电子信息行业重磅的外商投资。

在全球经济周期性下滑的背景下，三星加码西安，折射出外资对中国市场的坚定信心。以西安为代表的西北地区，在明星企业开启全国化布局的征程下，迎来新的发展机遇。

Top 8 重庆智博会集齐 BAT

金额：千亿

区域：西南/重庆

行业：智能产业

2019 年 8 月，重庆召开智博会，与华为、百度、阿里巴巴、腾讯、联想、海康威视等公司签署战略合作项目，其中，两江新区签约项目金额突破 2000 亿元。

随后，百度宣布在自动驾驶、智能城市、智能政务、区块链等多层面与重庆展开合作，并落地百度西部自动驾驶开放测试基地项目。腾讯西南总部大厦启用。阿里巴巴宣布将在渝投建阿里巴巴集团区域总部基地，推动阿里巴巴客户体验中心、盒马鲜生供应链运营中心、阿里巴巴中国智能物流骨干网节点等在渝陆续落地。

至此，BAT 在这座网红城市集结完毕。世界性大会的召开为城市打开了一扇产业之门，也给予城市一个世界性的展示窗口，成为一些城市行之有效的招商渠道。

Top 7 安徽单体最大投资工业项目投产

金额：千亿

区域：华东/安徽

行业：集成电路

2019 年 9 月，安徽省单体投资最大的工业项目——长鑫 12 英寸存储器晶圆制造基地投产，总投资约 1500 亿元，是中国第一家投入量产的 DRAM 设计制造一体化项目，有望打破韩、美企业在国际市场的垄断地位。

该项目与空港集成电路配套产业园、合肥空港国际小镇组成合肥长鑫集成电路制造基地项目，一同落地合肥，总投资超过 2200 亿元。

中部制造业正在崛起，安徽崭露头角，2019 年省内单体投资最大的工业项目投产，又引进省内最大的外资签约项目——联宝智能产品生产项目。随着制造业升级，安徽正在打造"芯屏器合"的新产业链条。也许对于实力强劲的长三角来说，安徽并不起眼，但内资和外资正在对这里刮目相看。

Top 6 今日头条 90 亿元收购中坤广场?

金额：数十亿

区域：华北/北京

行业：新媒体

2019 年 2 月，当大家还沉浸在春节的气氛时，京东、字节跳动先后出手，拿下北京核心区城市更新项目。据说，今日头条母公司字节跳动以 90 亿元收购北京大钟寺中坤广场，业内普遍认为，字节跳动与京东一样，买来自用。

大钟寺中坤广场，曾是北京三环内最后一个新建的、最大的城市综合体项目，也是当时唯一一个有地铁通过的大型商业项目，但依然陷入惨淡经营的境地。

当一线城市核心商圈商办项目走入存量时代，明星公司为在核心商圈重获一席之地，入驻城市更新项目被认为是个切实有效的途径。因此，即便全国多城商业地产市场下挫之时，北京、上海等地大宗交易依然活跃，既有投资玩家也有自用买家积极入场。

Top 5 日本第一券商合资公司落沪

金额：不详

区域：华东/上海

行业：金融业

伴随中国改革开放的不断深入，全球投资者和境外金融机构不断进入。

从 2019 年 3 月核准通过到 12 月正式开业，野村东方证券成为国内首家开业的新设外资控股合资证券公司，经营业务范围包括证券经纪、证券投资咨询、证券自营及证券资产管理。注册地址显示，该公司选址于上海中环广场。野村控股集团是日本最大的券商和投资银行集团。

紧随其后，摩根大通证券（中国）成为第二家获准在华开业的外资控股券商。东方汇理则是中国第一家外资控股财务管理公司，并相继在上海开业。

中国金融市场的开放正在进入一个加速期，将会迎来更多国外金融机构的进驻，无论是租赁市场或是大宗交易市场，外资将成为商业地产的去化"黑马"。

Top 4 腾讯 200 万方巨型鹅厂曝光

金额：百亿

区域：华南/深圳

行业：互联网

深耕大湾区，11 月，腾讯以 85.2 亿元的挂牌价买下深圳一宗地块，建设深圳"互联网＋"未来科技城，用地规模 80.9 万平方米，建筑面积达 200 万平方米，这一体量堪称在深圳"再造一个腾讯"，为不断膨胀的腾讯提供空间支撑。

首期开发地块包括会议中心、酒店、科技展览馆、数据及智慧控制中心、学校教育设施、产业园区配套宿舍等。

向大湾区聚集，成为 2019 年企业选址的一大趋势。从这里走向世界的企业不断扩大"故乡"版图，那些未曾来过的企业又充满好奇。一片逐梦之地，一个难得的机遇期，大湾区正在散发魅力。

Top 3 华为又一座大型研发基地落户上海

金额：百亿

区域：华东/上海

行业：智能制造

置之死地而后生，华为的一言一行走在了 2019 年的"风口浪尖"，引发全民关注。2019 年 1 月，华为摘得上海青浦淀山湖畔一宗近 100 公项用地，这将是继华为东莞松山湖基地后，又一座大型研发基地，预计投资近 100 亿元，布局以移动终端（华为手机）等为重点的全球科创中心，搬入华为海思半导体研发设计总部、物联网总部、无线网总部。

上海一向被认为是金融和外资机构入驻的首选地，但在人工智能、5G 等科技创新领域似乎稍显逊色。这一年，上海加大了对新兴技术领域的招商力度，商汤集团中国总部暨全球研发总部落户上海，阿里"平头哥"落户张江人工智能岛……数据显示，截至 12 月，上海市人工智能重点企业已突破 1100 家，产值超过 1300 亿元。

Top 2 WeWork 或将全球退租

金额：不详

区域：全球

行业：联合办公

联合办公在 2019 年迎来最大变数。视为行业鼻祖的 WeWork 上市计划惨败后，估值从 470 亿美元直线下跌至 70 亿美元，成为全球联合办公行业发展史上的转折事件。

随后，WeWork 决定减重前行，刚刚进行了 2400 人的大规模裁员。外媒最新消息，WeWork 正在审核过去签署的全球 100 多个办公场所的租赁协议，可能会撤销部分租赁协议，以便能够最大限度减少运营亏损。

WeWork 上市折戟，受打击的不只是一家企业，而是整个联合办公行业。资本市场质疑联合办公的商业逻辑。整个行业放缓扩张步伐，如何用盈利的事实为联合办公辩护，中国学徒做了很多。联合办公到底能不能活下去，或者活多久，仍是未知数。

Top 1 恒大造车基地确定

金额：千亿

区域：全国

行业：新能源汽车

2019 年恒大先后公布了在广州南沙和沈阳的造车计划，分别预计投资 1600 亿元和 1200 亿元，恒大新能源汽车全球研究总院落户上海松江，同时在郑州竞得一宗 5 万平方米工业用地，在南沙竞得 85 万平方米工业用地。

这一年，恒大新能源汽车收购多家公司，已将整车制造、电池、轮毂电机等多项技术收入囊中。另外，其一次性与全球 60 家核心零部件供应商签约。许家印说，未来 3 年，恒大布局 10 个整车基地。许家印还说，恒驰第一款车"恒驰 1"将在 2020 年上半年亮相。

思考与讨论：选择上述事件的其中一件，说说你对企业选址的看法？

第 10 章　创业营销

【概念解析】

创业营销是初创企业以消费者需求为出发点，根据外部准市场机会、内部战略规划与资源状况等，有计划地组织各项经营活动，通过互相协调的产品策略、价格策略、渠道策略、促销策略等，满足消费者需求，实现企业目标的过程。营销对创业者是一个极其重要的过程，因为没有企业可以在没有消费者市场的情境下建立和成长起来。获取和保留顾客是创业营销的核心。

对于初创企业而言，宏观环境中的政治因素、经济因素、人口因素、自然因素等，微观环境中的供应商、竞争对手、消费者等各种外界因素是不可控制的，企业只能适应它们。这就要求初创企业进行市场营销组合，即对自身可以控制的因素进行综合运用。这些因素包括产品（Product）、价格（Price）、渠道（Place）和促销（Promotion）。这就是广为采用的经典的 4P 营销策略。在市场营销中，企业首先应具备产品；其次，制定有竞争力的价格策略；再次建立销售渠道，通过产品运输、仓储完成产品销售的覆盖；最后，通过促销使潜在消费者了解产品的价值。

出于许多原因，创业营销和成熟公司的市场营销不同。首先，创业公司在财务和管理方面通常只有有限的资源。正像它们没有足够多的钱支持营销活动一样，公司也没有经证实的营销专业能力，大多数创业者没有选择雇用经验丰富的营销经理。与缺乏金钱和营销能力一样，时间也经常很紧张。大公司能投入大量的预算进行广泛的营销研究，测试营销策略，并精心设计营销活动；然而新创企业寻求创造性的、更少花费的方式使其想法得到验证并影响顾客。

【教学活动1】

5元钞票免费送

活动目标：通过陌生客户拜访，模拟市场营销的环节，深刻体会市场营销的内涵。

活动过程：以小组为单位，走出教室，把5元钞票送给一位陌生人。首先，要将各组的规划填写在表格里，然后在20分钟之内把钱送出去。其次，思考准备把钱送给什么样的人（年龄、性别、性格等）？为什么要选择送给这样的人？到哪儿去找这样的人？最后，找到送钱对象后，解释为什么要送钱给他（她），但是不能说这是老师布置的作业。

问题	行动计划	预测送钱对象会有怎样的反应	他（她）真实的反应是什么
打算怎么向他（她）开口			
准备以什么样的理由把钱送给他（她）			
送钱对象会说什么，做什么？			

思考与讨论：比较不同的组别的送钱对象有怎样的差异？如何才能在最短的时间内将陌生客户转化为有效客户？

【教学活动2】

水果拼盘营销

活动目标：通过模拟营销活动，了解4P营销策略在实践中的具体运用。

活动道具：水果若干，品种3～6种，标上价格。

活动过程：每组 3 ~ 6 人，自选水果品种，设计一盘果盘，标出售价。每组有游戏币 100 元，自愿购买喜欢的果盘（不能买本组的，必须买其他组的果盘）。盈利最多的组获胜。

注意事项：体会产品设计的时候要尽量增加产品附加值，并考虑盈利模式。体会产品总是要在一定限制内（时间、地点、人物等的限制）生产出来的。产品的定价要讲究策略和方法。

思考与讨论：在这个教学活动中，如果要给 4P 营销策略的各要素按重要性排序，你的顺序是怎样的？

【案例分析1】

把梳子卖给和尚

有一家著名的跨国公司高薪聘请营销人员，应聘者趋之若鹜，其中不乏硕士、博士。但是，当这些人拿到公司考题后，却都面面相觑，不知所措。原来公司要求每一位应聘者要在十日之内，把木梳尽可能多地卖给和尚，为公司赢得利润。出家和尚，剃度为僧，光头秃顶，要木梳何用，莫非出题者有意拿人开涮，应聘者遂作鸟兽散。一时间原来门庭若市的招聘大厅，仅剩下 A、B、C 三人，这三人知难而进，奔赴各大寺庙卖木梳。

期限一到，诸君前来交差。面对公司主管，A 君满腹冤屈，涕泪横流，声言十日艰辛，仅卖木梳一把。自己前往寺庙诚心推销，却遭众僧责骂，说什么将木梳卖给无发之人是心怀叵测，有意取笑羞辱出家人，结果被轰出山门。归途之中偶遇一游僧在路旁歇息，因旅途艰辛，和尚头发未剃，既脏又厚，奇痒难忍，自己将木梳双手奉上，并含泪哭诉，和尚动了恻隐之心，试用木梳刮头体验，果然解痒，便慨然解囊买下一把。

B 君闻言，不免得意，声称卖掉木梳 10 把。推销木梳，B 君不辞艰辛，深入深山古刹。此处山高风大，前来进香者，头发被风吹得凌乱不堪。见此情景，自己心中一动，找到寺院主持一番慷慨陈词：庄严宝刹，佛门衣冠不整，蓬头垢面，实在亵渎神灵。故应在每座寺庙香案前，摆放木梳，供前来拜佛的善男信女梳头理发。主持闻之，认为言之有理，当即采纳了此建议，总共买下了 10 把木梳。

轮到 C 君，只见他不慌不忙，从怀中掏出一份超级大订单，声称不但已经卖出木梳 1000 把，而且急需公司发货以解燃眉之急。闻听此言，A、B 两君无不称奇，公司主管也大惑不解，忙问 C 君其中缘故。C 君说，为推销木梳，自己打探到一个久负盛名、香火极旺的名胜宝刹，找到庙内方丈，向他进言：凡进香朝拜者无一不怀有虔诚之心，希望佛光普照、恩泽天下，大师为得道高僧且书法超群，能否题"积善"二字刻于木梳之上，赠予进香者，让这些善男信女，梳却三千烦恼丝，以此向天下显示我佛慈悲为怀、慈航普度、保佑众生。方丈听罢，大喜过望，不仅视自己为知己，而且共同主持了赠送"积善梳"首发仪式。此举一出，一传十，十传百，寺院不但声名远播，而且进山朝圣者为求得"积善梳"简直挤破了脑袋。为此，方丈恳求自己急速返回，请公司多多发货，以成善事。

思考与讨论：C 君成功销售的奥妙在哪里？你最大的感悟是什么？

【案例分析 2】

免费租书为什么还能年赚百万？

丁老板在大学城开了一家书店，但是他不卖书，只提供免费租书的服务。丁老板书店里的书基本上是考研、雅思、托福、考公务员必备的一些参考书，同时还有一些考试必备的教辅材料，也提供一些往年考试的卷子，这些都是免费向大学城的学生租用。

由于完全免费，吸引了大量的大学生向丁老板租书，每个租书的人只需交纳 50 元的押金，就可以拿走 3 本书。3 本书还回来，50 元押金就退给你。如果续借，押金继续交着。但是丁老板并不是靠押金来赚钱的。

租书，还书，让这群学生不停地来丁老板的书店，同时，每个大学生租书都会有针对性，比如，考研的就会租考研的书，考雅思的就会租考雅思的书，考公务员的也一样。

丁老板通过系统登记学生们曾经租过哪些书，现在租哪些书，从而发现，既然考研的学生租了书，那么他们大部分都会有上考研强化班的需求。但是丁老板没有培训公司，也没有师资，于是他想到了借力！

丁老板与培训雅思的合作，与培训考研的合作，与培训公务员的合作……能合作的都合作了，每招一个学生，这些机构就会给相应的提成。

这些学生免费在丁老板那里租书，也经常与丁老板交流，信任几乎不成问题，丁老板推荐给他们的培训班，成交率就会比普通的业务员要高很多。

于是丁老板通过免费租书吸引了大量的学生，学生们之间又会相互传播、互相介绍，来的学生越来越多。丁老板知道他们接下来要考什么，然后有针对性地推介每一个学生到对应的培训班，帮助相关培训机构招生，一年轻松赚了百万元。

思考与讨论：丁老板把"免费租书"作为驱动媒介来开展营销，跟普通促销活动的"赠品"有怎样的区别？

第 11 章　股权分配

【概念解析】

　　创业团队成员的股权分配是一个敏感且困难，但又十分重要的问题。尤其当几个人一起创业时，经常会采取平均分配股权的方式，但这种平均主义会带来许多负面后果。事实上，成员间因为能力与动机的差异，贡献程度必然不一，如果采取平均主义来平分股权，显然会形成"大锅饭"心理，影响一些成员真心投入的程度。如果贡献与获利不成比例，团队整体力量就更加难以发挥。另一种情况是把股权高度集中在几个人手里，不仅不能发挥团队团体成员的积极性，更不能发挥员工的积极性，这种股权结构也是有问题的。所以股权分配本身就是在创建团队时必须首先解决的问题。在企业发展过程中，还需要及时调整股权，使新进入企业的主要技术骨干和高级管理人员也能合理得到股权。

　　妥善处理团队成员间的利益，除了能否把股权分给对企业发展有贡献的新伙伴外，能否及时转让股权以使企业加快发展，也是个重要的问题。是死死守住企业创始人对企业的控制权，还是为了企业发展，可以不要控制权；是注重于绝对控制，还是可以考虑相对控制，这些问题都涉及创业者和创业团队的利益，必须妥善处理。事实上，创业的目的不应该是掌控新企业，因此自己所拥有股权的比重高低并非关键，关键的是要懂得利用股权交易来增加企业的价值。拥有一个平庸企业的 100% 股权，还不如拥有一家成功企业的 10% 股权，因为后者的收益往往是前者的数十倍，而且能够同时实现个人和企业的价值。

　　随着社会经济日益发展和法制逐渐完善，创业者对创业团队内部利益分配的态度也在慢慢转变。因此，"股权＋期权"的合约观念逐渐成为主流。无论是家族企业还是朋友合作创办的企业，能够发展壮大的并不在多数。因此，无论创业团队成员的关系是何种形式，在进行组合的时候，利益分配的问题都需要提前做好详细的约定。对于初创企业来说，创业团队需要扮演管理层和股东两种角色。因此，初创企业无须考虑股东与管理层之间的权益平衡。在创业团队的股权分配过程中，诺姆·瓦瑟曼（Noam Wassertman）提出了由团队成员角色（Roles）、成员关系（Relationships）和权益（Rewards）三个要素构成的"3R 系统"理论，阐明了三要素之间是一个相互影响、动态平衡的关系。

【教学活动 1】

现在的股权比例是多少

新创业的科技公司初始的股权结构：

核心创始人甲 CEO	7000000 股	70%
联合创始人乙 COO	1600000 股	16%
联合创始人丙 CTO	1400000 股	14%
合计	10000000 股	100%

给未来团队预留 15% 后，则股权结构变更为：

核心创始人甲	7000000 股	70%	59.5%（70% – 70%×15%）
联合创始人乙	1600000 股	16%	13.6%（16% – 16%×15%）
联合创始人丙	1400000 股	14%	11.9%（14% – 14%×15%）
预留（期权）	1764706 股	15%	
合计	10000000 股	100%	

现在科技公司有投资者投资了，按约定，A 轮投资者占 20%，原有团队要按比例稀释股份，现在请你算一算，该公司现在的股权比例。

核心创始人甲	＿＿＿＿＿＿股	＿＿＿＿＿＿%
联合创始人乙	＿＿＿＿＿＿股	＿＿＿＿＿＿%
联合创始人丙	＿＿＿＿＿＿股	＿＿＿＿＿＿%
员工持股	＿＿＿＿＿＿股	＿＿＿＿＿＿%
A 轮投资人	＿＿＿＿＿＿股	20%
合计	＿＿＿＿＿＿股	100%

学会以上的计算方法，体会股权稀释的含义。想一想，你的创业项目初始股权结构应该设计成什么样？在一开始设计团队的股权结构时，就不应只考虑眼前，而要考虑经过未来几轮融资后，创始人还能不能保留对公司的控制权。

【案例分析1】

西少爷拆伙：从兄弟到分裂

孟兵、宋鑫、罗高景三人是在 2012 年底的校友会上认识的（彼时袁泽陆尚未加入）。已在投资机构工作三年的宋鑫，有了想要出来创业的想法，于是通过校友会的关系认识了有技术能力的孟兵等人。三人一拍即合，成立了一家名为"奇点兄弟"的科技公司。由于孟兵承担了主要的产品研发工作，因此孟兵、宋鑫、罗高景的股权分别是 40%、30%、30%。最初一起创业时，只是因为三人在同龄中比较优秀，但彼此之间不够信任和了解。由于宋鑫学化工出身，所以只能定为销售。而与孟兵、罗高景的工作狂状态不同，宋鑫炒股、打网游、看电视剧经常看到第二天不起床。孟兵觉得宋鑫的表现不能对合伙人负责。孟兵派他去西安管理跟进新团队，学习新技术，结果"做得非常混乱，做得非常差"。

2014 年 10 月，团队开始转行做肉夹馍，袁泽陆在这时加入，形成"西少爷"四个创始人的状态。

西少爷开业当天中午，就卖出了 1200 个肉夹馍，生意非常火爆。开业不到一周，便有投资机构找来，并给出了 4000 万元的估值。但就在引入投资、协商股权架构的过程中，孟宋之间的矛盾被彻底激发。

四个人在"西少爷"五道口店附近的咖啡馆坐下来谈了几次，但都不欢而散。孟、袁、罗给出的方案是，27万元加2%的股份，买回宋鑫手中30%的股份。"这27万元是宋鑫之前在公司工资的4倍，4倍的投资回报应该也可以了吧。"

但宋鑫坚持要1000万元，理由是当时"西少爷"的估值有4000万元，他可以分得四分之一。"这根本是不可能的。"袁泽陆如此说道。

在于投资人商讨的过程中，孟兵给自己增加了投票权，使其投票权超过了50%，那么宋鑫则是处于一个被动的地位，可能会因为他的决定而被出局。所以感到不满，感觉自己的权力被削减。整个5月，引入投资的事情一直僵持着。

由于一直没有谈拢，目前宋鑫仍然有"奇点兄弟"餐饮公司近30%的股权。后来，宋鑫被西少爷管理团队除名，另起炉灶重新开了名为"新西少"的肉夹馍店，这意味着这个创业团队彻底分裂。

回忆三人第一个项目，罗高景在公开信中是这样写的："还记得去年和宋鑫一起去天津出差的时候，一起住在30元一间的昏暗旅馆里，灭蟑螂，写方案。现在想起来真是五味杂陈，我们曾经是如此信任的朋友。"

不知是碍于校友情面，还是不懂股权？前者的因素或许有，但是不可否认后者的因素更多。而且，因为合伙人散了，西少爷用了很长时间才缓过来。所以，在公司创立之初就应该重视股权结构设计。如果公司创立之初，就制定一套经营性的股权激励策略，对于公司的发展、扩张和团队协作会更有利。

思考与讨论：如果西少爷团队一开始就重视股权结构的设计，创业之初怎样的股权分配是最合理的？

【案例分析2】

谁应该拿更多的股权

创业者来信：

我叫A，我的创业伙伴是B。我手头资金有限，只能出资15万元。

我准备辞掉手头工作全职投入创业，负责公司的销售。我手头有客户资源，已经拿到约800万元的合同订单。我会从公司领取8万元年薪。

B目前在一家国企上班，在创业前两年不想加入创业企业，不拿工资，但会提供技术支持。另外，B已经说服他的朋友C，同意为我们公司投资200万元。B说，他还可以为公司拉到后续融资。

B 自己手头还经营着一家教育培训公司。他不想把这块业务装进创业企业。

我们面临的问题是，我们应该如何分配股权？B 想当大股东，占股 50% 以上。

我的想法是，公司作价 1000 万元。投资人 200 万元占 20%，我和 B 各占 40%。

思考与讨论：请问你对于这个初创企业的股权分配有什么建议？

【案例分析 3】

美森公司的股权变化

美森公司成立于 2009 年，主要经营煤炭业务，股东是大雅公司以及庄某、石某。章程规定公司的注册资本是 1000 万元，三个股东的持股比例是 5：3：2，各股东应当在公司成立时一次性缴清全部出资。大雅公司将之前归其所有的某公司的净资产经会计师事务所评估后作价 500 万元用于出资，这部分资产实际交付给美森公司使用；庄某和石某以货币出资，公司成立时庄某实际支付了 100 万元，石某实际支付了 50 万元。

大雅公司委派白某担任美森公司的董事长兼法定代表人。2010 年，赵某欲入股美森公司，白某、庄某和石某一致表示同意，于是赵某以现金出资 50 万元，公司出具了收款收据，但未办理股东变更登记。赵某还领取了 2010 年和 2011 年的红利共 10 万元，也参加了公司的股东大会。

2012 年开始，公司经营逐渐陷入困境。庄某将其在美森公司中的股权转让给了其妻弟杜某。此时，赵某提出美森公司未将其登记为股东，所以自己的 50 万元当时是借款给美森公司的。白某称美森公司无钱可还，为维持公司的经营，公司已经向甲、乙公司分别借款 60 万元和 40 万元，向大雅公司借款 500 万元。

2013 年 11 月，大雅公司指使白某将原出资的资产中价值较大的部分逐渐转入另一家子公司美阳公司。对此，杜某、石某和赵某均不知情。

此时，甲公司和乙公司起诉了美森公司，要求其返还借款及相应利息。大雅公司也要求美森公司偿还自己曾借款的 500 万元。赵某、杜某及石某闻讯后也认为利益受损，要求美森公司返还出资或借款。

思考与讨论：美森公司的股东结构发生过哪些变化？如何评价美森公司成立时三个股东的出资行为及其法律效果？

第12章　创业融资

【概念解析】

对于大多数创业者来说，无论是初始阶段还是生存发展阶段，资金都是稀缺的字眼，获取资金的技能和有关知识也是创业者需要学习的重要内容之一。融资从狭义上讲，是一个企业的资金筹集的行为与过程，也就是企业根据自身的经营状况、资金拥有的状况以及企业未来经营发展的需要，通过科学的预测和决策，采用一定的方式，从一定的渠道向公司的投资者和债权人筹集资金、组织资金的供应，以保证企业正常生产需要、经营管理活动需要的理财行为。从广义上讲，融资也叫金融，就是货币资金的融通，是指当事人通过各种方式到金融市场上筹措或贷放资金的行为。

融资渠道是指协助企业的资金来源。按投资人所拥有的权力划分，可以分为股权融资、债权融资和混合融资。其中股权融资是指企业的股东愿意让出部分企业所有权，通过企业增资的方式引进新的股东的融资方式。股权融资所获得的资金，企业无须还本付息，但新股东将与老股东同样分享企业的赢利与增长。债权融资是指企业通过借钱的方式进行融资，债权融资所获得的资金，企业首先要承担资金的利息，另外在借款到期后要向债权人偿还资金的本金。混合型融资指既带有权益融资特征又带有债务特征的特殊融资。在西方，这种融资方式扮演了重要的角色。

在我国，创业的融资渠道主要有以下几种，依据中国人民大学《2017年中国大学生创业报告》统计显示自主资金是大学生创业第一桶金的主要来源（见图10-1）。"个人储蓄、创业伙伴和亲友资助"资金占了75%，足以证明，筹集外部资金不容易。

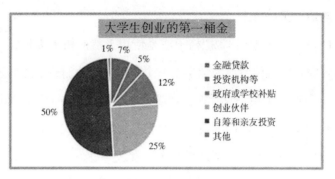

融资渠道	比例
金融贷款	7%
投资机构等	5%
政府或学校补贴	12%
创业伙伴	25%
自筹和亲友投资	50%
其他	1%

图 10 - 1 创业者第一桶金的主要来源

依据《2017 年中国大学生创业报告》统计显示，资金不足依然是大学生创业的最主要障碍。超半数大学生认为，资金短缺问题是他们在准备创业或创业过程中遇到的最大困难（见图 10 - 2）。

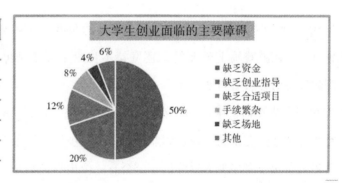

面临障碍	比例
缺乏资金	50%
缺乏创业指导	20%
缺乏合适项目	12%
手续繁杂	8%
缺乏场地	4%
其他	6%

图 10 - 2 大学生创业面临的主要障碍

【教学活动 1】

寻 找 出 口

活动目标：当信息处于隔断状态时，应该采取什么样的交流和反馈方式，将直接决定事情的成败。引导学生一旦出现企业发展瓶颈或者现金流困难，承认自身不足、主动寻求帮助尤为重要。

活动工具：1 条长绳子，12 把椅子。

活动步骤：

1. 在一片场地用12把椅子或是使用天然的树木为桩，用足够长的绳子围成一个闭合的圆圈。给每位参加的学生发一个眼罩，让他们戴上之后进入圈内。

2. 所有学生用一只手抓住绳子，一起以同一方向沿着绳圈走一圈。然后全体学生停止，教师宣布他在圆圈内设置了个出口，请大家找到这个出口。游戏过程中，所有人都不许开口说话，若需要帮助可举手示意。

3. 举手示意者在教师的帮助下悄悄离开绳圈。

4. 游戏时间结束之后，仍然还站在绳圈之内的学生要给大家表演节目。

注意事项：

1. 本活动可在户外或者室内进行，在室内进行时要注意不让学生被不固定的椅子绊倒。

2. 引导讨论时，着重关注主动寻求帮助的角度，并适当批判"死要面子活受罪"的思想。对于在游戏马上就要结束还坚持不肯举手寻求帮助的学生，应该通过宣布时间、倒数计时的方法适当增加压力。

3. 引导学生在讨论中明白，在创业活动中仅靠自有资金是无法满足创业发展需要的，需要寻求他人的帮助，通过创业融资，进一步提升创业活动。

思考与讨论：有多少学生深信一定会有一个出口，只是还没找到而已？绳圈中的学生可以采取什么样的沟通方式表达意见？为什么总会有学生直到最后都不举手？在创业融资中，这个活动对你的启发是什么？

【教学活动2】

草 船 借 箭

活动目标：通过具体活动来说明企业融资的渠道。

活动道具：融资渠道和风险工作表、飞镖、挂图。

活动步骤：

1. 分组。将学生均分为四个团队，四个团队同时充当创业者和投资人的身份。每个团队发放 10 个铁器（纸片代替），作为自有资金。每个铁器代表 1000 元。

2. 角色分配。各个团队进行角色分配，每组选出 1 个企业创始人做 CEO，委任 1 名会计，1 名出纳，1 名采购，3 名业务谈判代表，1 名销售代表。

3. 讲游戏规则。老师把融资渠道和风险工作表发给每个团队，然后讲下面一段故事及游戏规则：

话说赤壁之战后，形成了魏、蜀、吴三国三分天下的格局。诸葛亮为壮大蜀国实力，大力发展农业，需要大量农具，成立了诸葛农机公司。然而蜀国是巴蜀之地，铁矿资源贫乏，国库空虚，于是诸葛先生又出了 2 条锦囊妙计，向全体子民、企业社会团体发起三轮募集，集中全国力量共同融资。

（1）锦囊妙计 1（游戏规则 1）：第一轮融资，向亲朋好友借钱（借铁器）。借出铁器的团队，将成为诸葛农机公司股东，参与公司分红，享有股东大会表决权。借出铁器的数量和每单位铁器换取的股份百分比由每组谈判专员谈判决定，但是一个团队最多只可以借出 3 件铁器给其他团队，总共可以借出 9 个。

（2）锦囊妙计 2（游戏规则 2）：由于我国地广人稀，我将再次发动 2 次"草船借箭"，收集到的箭将回炉炼铁，打造农具，振兴蜀国。每个团队可以依据自己的情况选择两种渠道借箭，借到的箭将折成资金。具体折算方式见"融资渠道和风险工作表"。

4. 各团队以创业者的身份制订各自诸葛农机公司的商业计划，包括创业资金和融资计划。其中创业资金包括：（1）购买锅炉型号资金；（2）流动现金。

5. 销售代表和各组销售代表洽谈，借入铁器。

6. 第一轮购买锅炉。（锅炉可以挂图的形式贴在黑板上）其中锅炉包括四种规格，生产锄头能力及锅炉单价见下表，每把锄头售价 100 元，假设市场是供不应求。

型号	型号 1	型号 2	型号 3	型号 4
生产锄头能力（把）	10	20	30	40
价格	6000	7000	9000	9000

7. 各团队生产销售锄头，教师发放销售收入给团队销售代表。

8. 各团队以创业者的身份计算各自诸葛农机公司的现金余额，包括清还贷款利息和股利（股利可以选择暂时不分配）。并制订第二轮融资计划、生产计划。其中生产计划包括：（1）购买锅炉型号数量（可以选择不买）；（2）流动现金。

9. 各团队按选择的融资渠道，投飞镖，并将融入的资金填入第二轮企业融资计划书，调整融资方案。（投飞镖的距离和投中融到的金额见"融资渠道和风险工作表"）。

10. 第二轮购买锅炉。（可以不买）

11. 各团队第二轮生产销售锄头，教师发放销售收入给团队销售代表。

12. 各团队以创业者的身份计算第二轮融资后各自诸葛农机公司的现金余额，包括清还贷款利息和股利（股利可以选择暂时不分配）。并制订第三轮融资计划、生产计划。其中生产计划包括：（1）购买锅炉型号及数量（可以选择不买）；（2）流动现金。

13. 各团队按选择的融资渠道，投飞镖，并将融入的资金填入第三轮企业融资计划书，调整融资方案。（投飞镖的距离和投中融到的金额见《融资渠道和风险工作表》）。

14. 第三轮购买锅炉。（可以不买）

15. 各团队计算第三轮融资销售后的期末现金余额。现金流最高的为获胜团队。

16. 各组分享经验体会及老师总结点评。

融资渠道和风险工作表

序号	融资渠道	性质	容易	比较难	难	最难
			投标距离由近到远			
1	自有资金	股权	10000			
2	亲友团借款	股权面议	1000（基本单位）			
3	银行贷款	债权10%			20000	
4	非金融公司贷款	债权20%		10000		
5	天使基金	股权0		3000		
6	风投基金	股权10%			10000	
7	政府扶持	混合0			3000	
8	发行股票	股权10%				30000

思考与讨论：你的团队选择哪些融资渠道？为什么这样选？你认为创业融资应该注意什么？

【案例分析 1】

三种众筹实例解析

众筹的兴起源于美国网站 kickstarter，该网站通过搭建网络平台面对公众筹资，让有创造力的人可以获得他们所需要的资金，以便使他们的梦想有可能实现。这种模式的兴起打破了传统的融资模式，每一位普通人都可以通过该种众筹模式获得从事某项创作或活动的资金，使得融资的来源不再局限于风投等机构，而可以来源于大众。在欧美逐渐成熟并推广至亚洲、中南美洲、非洲等开发中地区。

众筹最初是艰难奋斗的艺术家们为创作筹措资金的一个手段，现已演变成初创企业和个人为自己的项目争取资金的一个渠道。众筹网站使任何有创意的人都能够向几乎完全陌生的人筹集资金，消除了从传统投资者和机构融资的许多障碍。在国内，类似的产品创意式众筹平台也如雨后春笋般成长起来，如点名时间、积木等。但因为中美国情差异，国内产品创意式众筹网站成规模的很少，平台上往往人少、钱少、创意少。反而，创业股权式的众筹在中国有了不少案例，也获得了社会的极大关注。对于绝大部分创业者来讲，创业股权式众筹的先锋式尝试可以帮助他们有效地找到资金。举例说明：

案例一：凭证式众筹——美微创投

2012 年 10 月 5 日，淘宝出现了一家店铺，名为"美微会员卡在线直营店"。淘宝店店主是美微传媒的创始人朱江，原来在多家互联网公司担任高管。消费者可通过在淘宝店拍下相应金额会员卡，但这不是简单的会员卡，购买者除了能够享有"订阅电子杂志"的权益，还可以拥有美微传媒的原始股份 100 股。从 10 月 5 日到 2 月 3 日中午 12：00，美微传媒共进行了两轮募集，共有 1191 名会员参与了认购，总数为 68 万股，总金额人民币 81.6 万元。至此，美微传媒两次一共募集资金 120.37 万元。美微传媒的众募式试水在网络上引起了巨大的争议，很多人认为有非法集资嫌疑，果然还未等交易全部完成，2 月 5 日美微的淘宝店铺就被淘宝官方关闭，阿里对外宣称淘宝平台不准许公开募股。而证监会也约谈了朱江，最后宣布该融资行为不合规，美微传媒不得不向所有购买凭证的投资者全额退款。按照证券法，向不特定对象发行证券，或者向特定对象发行证券累计超过 200 人的，都属于公开发行，都需要经过证券监管部门的核准。

案例点评：在淘宝上通过卖凭证和股权捆绑的形式来进行募资，可以说是美微创投的一个尝试，虽然说有非法集资的嫌疑最后被证监会叫停，但依旧不乏可以借鉴的闪光点。主要闪光点是门槛低，即使几百块也可购买。但主要问题是目前在中国受政策限制。建议在长远政策放开之前，以相对小范围的方式合规式地筹集资金。比如股东不超过 200 人，比如从淘宝这样的公开平台转移到相对更小的圈子。如果希望筹措到足够资金，可设立最低门槛，并提供符合最低门槛的相应服务和产品以吸引投资者。该模式比较适合大众式的文化、传媒、创意服务或产品。

案例二：奖励式众筹——亿元果饮

2015 年娱乐圈的骄傲"亿元谋女郎"李××，带着自己的独立品牌联手京东开启众筹计划。李××的众筹取名为："万壕计划"。以众筹合伙人的形式召集 1 万名代理，并且全国只招集 1 万名代理，并承诺提供全面的、立体的营销支持，让万名"天使合伙人"快速持久取得高额回报！此前轻塑已经在微商中风生水起，积累了不少关注之后，开始全方位地回馈支持者。刷新全球风投纪录的"亿元果饮"轻塑，还未面世就已成名，大咖名媛云集的品牌发布会刚刚落下帷幕，2015 年 2 月 7 日上午，京东众筹平台轻塑的"万壕计划"上线预热。作为京东首个微商众筹品牌，轻塑"希望打造品牌微商，让 1 万名天使合伙人率先成豪门"。承诺将天使轮巨额融资全额回馈给"天使合伙人"，只要成功参与轻塑 2 月 10 日的京东众筹项目，即可连续 5 年，每年获赠 1 万元的轻塑产品，并且在 1 年内可无条件全款退货。就目前京东的众筹结果来看已经超过了预计 6 倍。

案例点评：奖励式众筹，通俗地说就是在项目完成后给予投资人一定形式的回馈或纪念品。回馈品大多是项目完成后的产品。如果能在奖励型平台上成功融资，这就说明人们对你的点子是非常喜欢的。另外，所有的东西都更加自由和灵活。创新者和支持者可以在平台上更为容易地实现互动交流，这里对于投资人的规则和限制都更少。更少的限制会增加更多的投资热情，融资产品也就会因此而更有可能成功融资。

案例三：会籍式众筹——3W 咖啡

互联网分析师许单单这两年风光无限，从分析师转型成为知名创投平台 3W 咖啡的创始人。3W 咖啡采用的就是众筹模式，向社会公众进行资金募集，每个人 10 股，每股 6000 元，相当于一个人 6 万元。那时正是玩微博最火热的时候，很快 3W 咖啡汇集了一大帮知名投资人、创业者、企业高级管理人员，其中包括沈南鹏、徐小平、曾李青等数百位知名人士，股东阵容堪称华丽，3W 咖啡引爆了中国众筹式创业咖啡在 2012 年的流行。几乎每个城市都出现了众筹式的 3W 咖啡。3W 很快以创业咖啡为契机，将品牌衍生到了创业孵化器等领域。3W 的游戏规则很简单，不是所有人都可以成为 3W 的股东，也就是说不是你有 6 万元就可以参与投资的，股东必须符合一定的条件。3W 强调的是互联网创业和投资圈的顶级圈子。而没有人是会为了 6 万元未来可以带来的分红来投资的，更多是 3W 给股东的价值回报在于圈子和人脉价值。试想如果投资人在 3W 中找到了一个好项目，那么多少个 6 万元就赚回来了。同样，创业者花 6 万元就可以认识大批同样优秀的创业者和投资人，既有人脉价值，也有学习价值。很多顶级企业家和投资人的智慧不是区区 6 万元可以买到的。

案例点评：会籍式的众筹方式在中国创业咖啡的热潮中表现得淋漓尽致。会籍式的众筹适合在同一个圈子的人共同出资做一件大家想做的事情。比如 3W 这样开办一个有固定场地的咖啡馆方便进行交流。其实会籍式众筹股权俱乐部在英国的 M1NT Club 也表现得淋漓尽致。M1NT 在英国有很多明星股东会员，并且设立了诸多门槛，曾经拒绝过著名球星贝克汉姆，理由是当初小贝在皇马踢球，常驻西班牙，不常驻英国，因此不符合条件。后来 M1NT 在上海开办了俱乐部，也吸引了 500 个上海地区的富豪股东，主要以老外圈为主。创业咖啡注定赚钱不易，但这和会籍式众筹模式无关。实际上，完全可以用会籍式众筹模式来开餐厅、酒吧、美容院等高端服务场所。这是因为现在圈子文化盛行，加上目前很多服务场所的服务质量都不尽如人意。比如食品，可能用地沟油。通过众筹方式吸引圈子中有资源和人脉的人投资，不仅是筹措资金，更重要的是锁定了一批忠实客户。而投资人也完全可以在不需经营的前提下拥有自己的会所、餐厅、美容院等，不仅可以赚钱，还可以在自己朋友面前拥有更高的社会地位。

最后总结：众筹对风投很有吸引力，因为它要求企业家展现自己公司的实力，以及它们对市场的价值。这意味着，只有强大的团队和创新的理念才能接受市场检验，获得风投公司及其他投资者的青睐。

思考与讨论：你身边还有没有众筹的例子，举例说明。你认为众筹融资有哪些优缺点？

【案例分析2】

饿出来的创业——"饿了么"的快速成长之路

有这么一家在校大学生的创业公司，做的是看似很小的需求：外卖服务，但 2008 年开始在宿舍创业，到 2015 年，获得 E 轮融资，拥有几千员工。服务范围也从上海交大周边快速扩展到全国 250 个城市，这便是中国最大的在线外卖订餐平台"饿了么"。

叫外卖未果激活创业梦

2008 年的一天晚上，还在上海交通大学机械与动力工程学院读硕士一年级的张旭豪和室友边打游戏边聊天，突然感到饿了，打电话到餐馆叫外卖，要么打不通，要么不送。

就是外卖这个不起眼的小需求，开启了"饿了么"的创业之路。张旭豪和康嘉等同学一起，将交大闵行校区附近的餐馆信息搜罗齐备，印成"饿了么"的外送广告小册子在校园分发，然后在宿舍接听订餐电话。接到订单后，他们先到餐馆取快餐，再送给顾客。这一模式完全依靠体力维持业务运转，没有太大的扩张余地。唯一的好处是现金流充沛：餐费由他们代收，餐馆一周和他们结一次款。

只有互联网能够大规模复制并且边际成本递减。2008 年 9 月，"饿了么"团队开始研发订餐网络平台，张旭豪先通过校园 BBS 招来软件学院的同学入伙。用了半年左右，他们开发出了首个订餐网络平台。在网址注册上，他们用"ele. me"（"饿了么"的汉语拼音）命名，网站订餐可按需实现个性化功能，比如顾客输入所在地址，平台便自动测算周边饭店的地理信息及外送范围，并给出饭店列表和可选菜单。

网络订餐系统初运营时，已有30家加盟店支持，日订单量达500~600单。可那段时间，张旭豪和康嘉却因为过于奔忙劳碌而"后院起火"：先是窃贼光顾宿舍将电脑等财物掠空；接着，一位送餐员工在送外卖途中出车祸；随后，又有一辆配送外卖的电动车被偷……

重重压力下，张旭豪不得不撤销热线电话和代店外送，让顾客与店家在网上自动下单和接单。

参赛造势助力"饿了么"，引风投青睐

为了给网站造势，张旭豪不停地参加各种创业大赛，以扩充创业本金。2009年10月，"饿了么"网站在上海慈善基金会和觉群大学生创业基金联合主办的创业大赛中，获得最高额度资助10万元全额贴息贷款。12月，网站在欧莱雅大学生就业创业大赛上，获得10万元冠军奖……

通过创业竞赛，团队总共赢得了45万元创业奖金，获得资金的"饿了么"如鱼得水，到2009年底，订餐平台已有50家餐厅进驻，日均订餐交易额突破万元。

为了网站的发展，张旭豪招来了网站技术总监汪渊，汪渊专门编写了一个小软件，可在校内BBS上给每个会员用户自动群发站内消息，其中规模最大的一次发了六万条。"饿了么"网站因此访问量大增。

靠线上和线下广告吸引学生订餐容易，但吸引更多饭店加盟绝非易事。多数店家保持半信半疑的态度："我在你的网上开个页面，放几份菜单，你凭什么就要抽8%？"对此，张旭豪的策略是："谈，不停地谈。"他们每天出门"扫街"，最忙时一天要"扫"100多家饭店，最难谈的饭店"谈"了40多个回合才拿下。

2010年5月，网站2.0版本成功上线。"饿了么"不仅攻下华东师大，连附近紫竹科学园区也被纳入自己的"势力范围"，顾客群从大学生拓展到企业白领。仅隔1个月，"饿了么"就推出了超时赔付体系和行业新标准。9月，"饿了么"全上海版上线，合作餐厅超过千家，单月最高交易额达到了百万元。

2010年11月，手机网页订餐平台上线，订餐业务不仅覆盖了全上海，目标还直指杭州、北京等大城市。2011年3月，"饿了么"注册会员已超过2万人，日均订单3000份。这一战绩，很快引起了美国硅谷一家顶级投资公司的高度关注，接洽数次后，"饿了么"成功融得风险投资100万美元。

融资增强实力，快速全国扩张

2011年7月，"饿了么"相继成立北京和杭州等两大城市分公司，风投紧随而来，2013年完成B轮和C轮融资，2014年完成D轮800万美元融资。

2014年"饿了么"平台交易总订单达到1.1亿日订单峰值200万单，市场占比60%，覆盖全国超过250个城市、20万家餐厅及200万用户；移动端交易额占比超过75%，牢牢站稳了中国最大在线外卖订餐平台的位置。

2015年1月27日，"饿了么"召开新闻发布会，张旭豪宣布获中信产业基金、腾讯、京东、大众点评、红杉资本联合投资 3.5 亿美元。

CEO 张旭豪称，融资后的三大任务是：持续完善高校的外送服务；继续大规模地开拓白领住宅市场；搭建以自有物流为中心，社会化物流为辅的物流配送平台，使之成为广泛覆盖中国的最后一公里物流网络。

过去几年来，高校的学生群体是"饿了么"的主力消费群体，从其扩张轨迹中，可以看到"饿了么"仍然在延续这种从高校开战的打法，新增的 100 多个城市基本都是从高校扫街开始的。

但学生群体的消费能力和忠诚度都很难令人满意。除了在三四线城市的快速铺开，"饿了么"也在筹谋在几个比较成熟的市场中，实现从高校到办公楼、从学生到白领的另一种扩张。

2015 年 8 月，"饿了么"在上海分众楼宇显示屏投放免费午餐广告，共送出了 20 万份 20 元代金券。从学生宿舍楼的传单到楼宇广告的投放，获取白领用户的成本显然更加昂贵。但对"饿了么"来说，白领及住宅市场是不得不攻下的"一城"。

据介绍，这轮融资除了资本层面的合作，"饿了么"也将与腾讯、京东、大众点评等合作伙伴达成资源方面的深度合作。通过集合合作伙伴在不同领域的优势资源，"饿了么"将逐步搭建一个全新的在线外卖领域的生态系统。

五轮融资促发展，资本助推快成长

"饿了么"自 2008 年上线，至 2018 年已获得五轮融资：

2011 年完成数百万美元的 A 轮融资，投资方为金沙江创投；

2013 年 1 月进行了 B 轮融资，投资方为金沙江创投、经纬中国，融资规模为数百万美元；

2013 年 11 月进行了 C 轮融资，红杉中国领投 2500 万美元；

2014 年进行了 D 轮 8000 万美元融资，由大众点评领投；

2014 年 12 月进行了 E 轮融资，融资金额为 3.5 亿美元，投资方为中信产业基金、腾讯、京东、大众点评及红杉资本。

"饿了么"CEO 张旭豪表示，五轮融资总计融资金额在 5 亿美元左右，目前主动权仍掌握在"饿了么"手中，下一步的目标是成为市值千亿美元的公司，并不排除其 IPO 的可能。

2018 年 4 月 2 日，阿里巴巴集团、蚂蚁金服集团与"饿了么"联合宣布，阿里巴巴将联合蚂蚁金服以 95 亿美元对"饿了么"完成全资收购，张旭豪出任"饿了么"董事长，阿里巴巴集团副总裁王磊出任"饿了么"CEO。

思考与讨论：从"饿了么"案例的快速扩张来看，你认为创业融资在其中起到了怎样的作用？企业的发展是不是一定需要融资？怎样把握融资的适度？

【案例分析3】

90 后用 5 年时间让公司上市

2019 年 5 月 7 日，兑吧集团在港交所正式挂牌上市。兑吧创始人董事长陈晓亮为"90 后"，曾经获得 2019 亚洲"30 位 30 岁以下精英"称号。兑吧 2014 年成立，5 年时间，从一个青涩的、不到 10 人的团队，成长到现在，兑吧集团完成了从创立到上市的全过程。

作为国内领先的用户运营 SaaS 及互动式效果广告平台，兑吧集团以成为企业的运营合伙人为愿景，为企业提供涵盖拉新、促活、留存、变现的全周期用户运营服务。

年仅 27 岁的创始人兼董事长陈晓亮就是兑吧的幕后推手。2013 年，陈晓亮毕业于杭州师范大学钱江学院，获得信息与计算机科学理学学士学位。2014 年 7 月，兑吧的用户运营 SaaS 平台正式上线，兑吧抓住企业欲降低移动 APP 获客成本最直接的需求，推出用户运营 SaaS 平台，帮助企业低成本吸引并留存用户。

成立于 2014 年 5 月的兑吧创始人陈晓亮此前从事移动互联网广告工作。之后，兑吧快速发展，显得很受资本青睐，经历了多轮融资。

2014 年 9 月，兑吧获得鼎聚天使轮投资 300 万元。

2015 年 3 月，获得同创伟业、华录百纳 Pre－A 轮投资 1000 万元。

2015 年 9 月，获得云毅投资、国泰一号等 A 轮共计 3000 万元投资。

2016 年 10 月，获得百纳资本、ROOBO 智能管家基金 B 轮投资。

2018 年 8 月，兑吧完成 1.1 亿美元 C 轮融资，投资方为兰馨亚洲、TPG。

2016—2018 年，兑吧集团的营业收入分别为 0.51 亿元、6.46 亿元、11.37 亿元，呈爆发式增长，三年暴涨 20 倍。在非香港财务报告准则下，2017 年、2018 年兑吧集团经调整净利润分别为 1.19 亿元和 2.05 亿元，后者同比增长达 72.9%，同期净利润率达 18%。

短短 5 年时间，兑吧集团完成了从创立到上市的全过程。两大业务位居行业第一，连续两年实现上亿净利润，成功上市的背后，兑吧集团有着夺目的业务表现和盈利成绩，这不禁让人思考其蓬勃发展背后的深层逻辑。

成功敲钟的背后，兑吧做对了什么？

第一，外部环境的天时下，前瞻视角挖掘细分赛道。兑吧集团旗下用户运营 SaaS 平台创立于 2014 年。正是在这一年，移动互联网人口红利消退，线上应用开发者的经营告别粗放式增长，转为精细化运营。人人都感受到了行业的变化，但只有兑吧在变化中挖掘了一条以"运营"为核心能力的企服道路，迭代出解决行业普遍痛点的用户运营解决方案。

兑吧用户运营 SaaS 通过一系列的用户运营工具,帮助企业"盘活"存量用户,实现降本增效。此后经过一年,以用户运营 SaaS 业务为基础,为满足企业对于用户流量变现的需求,兑吧集团于 2015 年推出另一大业务互动式广告。由此形成了双业务线并行,覆盖企业用户从拉新、促活到变现的全周期运营服务。

第二,先发优势构筑行业壁垒,红利早期布局市场。切入两大几无竞品的赛道,让兑吧集团以最快的速度树立起牢固的行业地位,使得后发企业短时间难以撼动其地位。

在线上企业中国用户运营 SaaS 市场前五大参与者中,兑吧集团是成立时间最早的。根据艾瑞咨询的数据显示,以 2018 年 12 月的 APP 日活跃量市场排名来看,兑吧集团拥有腰部以上(日活跃量逾 100 百万人)APP 数目是 147 个,头部(日活跃量逾 900 百万人)APP 数目是 58 个。而排名第二的公司仅拥有腰部 APP 数目 3 个,头部 APP 数目是 0。截至 2018 年 12 月 31 日,接入兑吧用户运营 SaaS 平台的移动 APP 数量超过了 14,000 个,服务的移动 APP 用户数目超过 13 亿人,位居行业第一。

与此同时,2018 年兑吧集团互动式效果广告以收入计的市占率超过 50% (51.7%),位列行业第一位,DAU 超过 2000 万,而第二名的市占率仅 15.8%,DAU 也只有 500 多万。

第三,两大业务市场均具备广阔发展前景。一方面,随着获取新用户的成本越来越高,用户获取、活跃度及留存已成为移动 APP 开发者及线下企业争夺市场份额的必要条件。另一方面,互动式效果广告作为新兴的广告形式,同时为广告主和媒体主创造了不可低估的价值。据艾瑞咨询数据显示,从 2018—2023 年,中国用户运营 SaaS 的市场规模将以 56.8% 的年复合增长率快速增长,至 2023 年时,整个市场的规模将达到 419 亿元人民币。同时,互动式广告的市场规模也在快速增长。2018 年时,中国移动互动式广告的市场规模为 21 亿元,至 2023 年时,有望增至 135 亿元人民币,年复合增长率达到 44.5%。

大学期间开始创业

据不完全统计,A 股上市公司已经有 7 位上市公司掌门人,大多是子承父业,但在港交所上市的兑吧集团,创始人陈晓亮是少有的通过创业进入资本市场的掌门人。

出生于 1991 年的陈晓亮,在杭州念大学的时候就开始创业做广告公司。这家成立于 2011 年的广告公司实际就是兑吧的前身,名为杭州韬胜文化策划有限公司,在杭州多如牛毛的广告策划公司中求生存。

如果没有稳定的客户来源,广告公司的寿命其实非常短暂,因为同质化竞争非常严重,虽然韬胜文化注册资本仅为 10 万元,陈晓亮出资 5 万元,另有两个合作伙伴各出资 2.5 万元,但非常幸运的是,这家公司存活了下来,也就是这个时候陈晓亮涉足互联网推广领域,所以他不是头脑发热成立了兑吧,而是在这个行业中有所积累,从而在行业的转折点找到了相对朝阳的方向。

后面的事情就顺理成章,2013 年,陈晓亮大学毕业,他以总计 5 万元现金对价从其他两方手里买下了剩余权益,韬胜成了陈晓亮名下的全资子公司,隔年改名为杭州兑吧网络科技有限公司，注册资本增加到100万元。

新的征程刚刚开始

5万元完全没有溢价的股权交易，说明在大学创业阶段，这家公司并没有产生足够的价值，但是作为一个很好的练手工具支撑了陈晓亮后续的发展。转折点应该是发生在100万元注册资本增加之后，新的人、新的资金，使这家小小的广告公司脱胎换骨。兑吧的商业模式借鉴了淘宝的淘金币，据说陈晓亮当时挖来了淘金币的创始人，在公司担任VP兼合伙人职务。团队人员还包括阿里、网易、滴滴、百度等知名互联网公司出来的优秀人才。

这是一个年轻人的创业故事，兑吧集团上市后，市值一度超过70亿港元，所取得的成就已超过父辈。

年轻的创业者们对待上市的态度各有不同，兑吧的高管清一色的白T恤和牛仔裤，这可能是在向乔布斯致敬，也有可能只是彰显青春。身为公司创始人兼董事长的陈晓亮，居然没有出现在港交所，而是在杭州兑吧集团的大本营里"隔屏"敲钟，甚至连朋友圈都没有发。也许在陈晓亮看来，上市只是刚起步，他们马上要踏上新的征程。

陈晓亮说，兑吧集团的愿景是打造未来的商业服务平台，成为企业的运营合伙人，相信未来兑吧集团能够成为中国TOB领域的头部玩家。

对于团队，陈晓亮表示，成长的本质是战胜内心怯懦的自己，创业是一场勇敢者的游戏。"兑吧每一位同学，未来无论遇到阳光还是风雨，都要Keep Calm and Carry On。"

思考与讨论：结合以上案例分析，请你谈谈企业在创业不同时期适合选择何种融资渠道？各种融资渠道有哪些优缺点？

第 13 章　创业风险

第 13 章　创业风险

【概念解析】

风险是指在一定条件下和一定时期内，由于各种结果发生的不确定性而导致行为主体遭受损失的大小以及这种损失发生可能性的大小。

创业风险是指在企业创业过程中存在的风险，是指由于创业环境的不确定性、创业机会与创业企业的复杂性，创业者、创业团队与创业投资者的能力与实力的有限性而导致创业活动偏离预期目标的可能性。创业风险是客观存在的，也是相对的、变化着的，并且是可以识别的，因而也是可以控制的。

创业过程中存在的风险是非常高的，创业者抱着对未来的美好预期展开行动，必须面对来自市场、消费者、供应商、融资渠道、环境等的各种不可知因素和不确定性。只有那些愿意承担风险的个体和企业才有可能生存和成功。因此，创业者比一般非创业者具有更高的风险倾向性。

所谓风险承担倾向是指个体接受或回避风险的倾向性，是最早被识别出来的创业者的个性特征。坎狄龙早在 18 世纪就认为资本家和创业者的不同就在于创业者承担了公司的风险。创业者与职业经理人最根本的区别就在于创业者承担了风险。

创业是一种高风险行为，有人甚至认为创业者是"赌徒"。创业者往往在资源高度约束的情况下开展创业活动，不管是否愿意，他们毫无疑问要承担一定的甚至很大的风险。

创业企业的发展同人的生长发育是一样的，也具有一定的生命周期。不论是何种类型的企业，在发展过程中都会遇到共性的问题。企业不同生命周期所面临的风险及具体表现见表 13 - 1。

表 13 - 1　企业不同生命周期所面临的风险及具体表现

企业的生命周期	风险的来源	具体表现	
		正常现象	不正常现象
孕育期	创业空想	1. 兴奋不已，但经过了现实检验 2. 从头到尾都进行了细节考虑 3. 创业者现实而有责任心 4. 致力于增加价值的产品导向 5. 责任心与风险相当 6. 创业者掌握控制权	1. 所承担的责任没有经过现实检验 2. 没有进行从头到尾的细节考虑 3. 创业者狂热而不现实 4. 纯粹的利润导向 5. 责任心与风险不对等 6. 创业者的控制地位不稳固
		正常现象	不正常现象
婴儿期	创业夭折	1. 产品导向 2. 投资者问题不断 3. 责任心没有受到危机 4. 现金支出大于收入 5. 责任心持续不变 6. 缺乏管理深度 7. 缺乏制度 8. 没有授权 9. 独角戏，但愿意听取不同意见 10. 失误不少 11. 根据危机进行管理 12. 家庭成员比较支持 13. 董事会成员比较支持 14. 领导风格有所变化 15. 婴儿期较短 16. 短期融资用于短期投资项目 17. 善意的独断	1. 过早的销售导向 2. 投资者疑虑不断 3. 责任心被危机所破坏 4. 意想不到的负现金流 5. 丧失责任心 6. 过早地授权 7. 过早地确定规章制度和程序 8. 创业者失去控制 9. 听不进不同意见，自大 10. 不容忍失误 11. 出现无法管理的危机 12. 缺乏家庭成员的支持 13. 缺乏董事会成员的支持 14. 领导风格缺乏变化，或是变化不起作用 15. 婴儿期过长 16. 短期融资用于长期投资项目 17. 独断

续表

企业的生命周期	风险的来源	具体表现	
		正常现象	不正常现象
学步期	创业者陷阱	1. 自信 2. 热心 3. 精力充沛 4. 销售导向 5. 寻找其他可做的事情 6. 销售超出了配送能力 7. 成本控制不够 8. 员工会议不规范 9. 薪酬管理不连续 10. 老板身边是随声附和者 11. 逐渐变成遥控式领导 12. 领导期望在膨胀 13. 期盼奇迹发生 14. 责任不明确 15. 企业受到批评 16. 内部分化 17. 基础不稳固 18. 能够发挥作用的因人设事的组织机构 19. 并非每件事情都优先 20. 创业者不可或缺	1. 自大 2. 缺乏重点 3. 精力太过分散 4. 以销售为中心及不成熟的利润导向 5. 要干的事情没有范围 6. 不顾质量进行销售 7. 没有成本控制 8. 没有员工会议 9. 员工工资过高 10. 老板身边都是身在曹营心在汉者 11. 海鸥综合征 12. 领导偏执 13. 依靠奇迹 14. 缺乏责任 15. 企业成为诉讼对象 16. 相互间的信任和尊重减少 17. 基础崩溃 18. 因人设事的组织没有起作用 19. 每件事情都是优先的 20. 创业者仍然不可或缺，但已经不可救药了
青春期	创业者壮志未酬	1. 合伙人和决策者之间出现冲突 2. 暂时失去方向 3. 创业者接收企业的主权 4. 激励机制鼓励的是错误的行为 5. 溜溜球式的授权 6. 制定了政策，但却没有坚持 7. 董事会努力施加控制 8. 在企业和具有企业家精神的领导机制之间产生爱恨交织的关系 9. 变革领导风格的困难 10. 企业家角色独占和个人化 11. 整合角色被独占 12. 缺乏控制 13. 缺乏责任和义务 14. 士气低落 15. 缺乏利润分享安排 16. 利润提升，销售平平	1. 回到学步期，和创业者陷阱目标不连贯 2. 创业者被免职 3. 个人因做出成绩获利而企业在赔钱 4. 企业在无穷无尽的权力更迭中瘫痪 5. 相互之间的信任和尊重急速下降 6 董事会解聘具有创新精神的领导 7. 内部政治斗争过度 8. 一成不变、失去作用的领导风格 9. 企业家拒绝用一种非个人化的角色取代自己 10. 十分传统的管理方式

【教学活动 1】

假如你是小王

小王是某高校的一名应届毕业生，想自己开办一家会计公司，为其他企业代理记账和代理报税。在开办公司前，他进行了大量的市场调查，发现这个行业有很大的市场。同时，他还对开办公司的必要支出进行了估算，大致如下：

1. 租一间 20 平方米左右的办公室，每月需要租金 3000 元左右；

2. 购置两台电脑，每台 5000 元；

3. 购置一套最基本的财务软件，大约需要 3000 元；

4. 购置三套办公桌椅，一般的办公桌椅价格为 300 元/套；

5. 购置两台打印机，一台针式打印机用来打印输出的会计凭证和账簿，另一台打印一般的办公文件，两台打印机大概需要 3500 元；

6. 购置一台税控机，价格 3000 元；

7. 购置一台传真机，需要花费 1000 元；

8. 购置一些办公用品及办公耗材，需支出 1000 元；

9. 购置饮水机一台 500 元，每月大约需要 4 桶水，每桶水 15 元；

10. 电话费、网费每月 320 元左右；

11. 水电费每月 200 元；

12. 同类的会计服务公司广告费每月一般在 1200～2000 元，小王决定按平均花费来准备，所以每月 1500 元；

13. 需要雇用 1 名会计和 1 名外勤人员，两人的工资每月合计为 3500 元，社会保险费合计每月 1000 元；尽管现在国家对大学生创业进行了税费减免，但是开户、刻章直至办完整套开业手续，大约需要一个月的时间，需要注册登记等开业前的基本费用1000 元。

对于日后的收入，小王也进行了调查。每增加一家客户可以取得每月 250 元左右的收入，为每户服务的基本费用大约为 20 元/月。另外，客户在 60 户以内时基本上不用增加会计和外勤人员。

于是，小王简单算了一下他创办会计公司所需要的资金：

房租（3000）＋电脑（5000×2）＋软件（3000）＋办公桌椅（900）＋打印机（3500）＋税控机（3000）＋传真机（1000）＋办公用品（1000）＋饮水机及 1 个月的饮用水（560）＋电话费、网费（320）＋水电费（200）＋广告费（1500）＋雇员工资及社保费（4500）＋开办费用（1000）＝33480 元。

看来开办公司的资金需要不是太多，而从每个客户那里可以赚的钱却相当可观。小王对自己的专业知识和开拓市场的能力非常自信，他相信自己的公司一定会办得很红火。以防哪些项目考虑得不周全，小王在筹集资金时比计算的数额还多筹集了一些，共筹集了 50000 元的资金。

可是，令小王没想到的是，在企业开业仅仅几个月的时候，公司的资金就出现了断流。

请同学们结合任务导入内容，讨论案例中小王在创业过程中遇到的风险都有哪些？请描述小王创办企业的风险来源，填写下表。

创业风险来源及表现

序号	企业所处生命周期阶段	风险来源	风险表现
1			
2			
3			
4			
5			

了解创业风险参考评价表。

了解创业风险参考评价表

评价指标 （分值）	标准	小组 自评 （30%）	小组 互评 （30%）	老师 评分 （40%）	最后 得分
创业风险的 客观性	1. 创业风险不是人为因素引起的 2. 创业风险是社会和自然现象引起的 （每完成一个标准获得 10 分）				

续表

评价指标 （分值）	标准	小组 自评 （30%）	小组 互评 （30%）	老师 评分 （40%）	最后 得分
创业风险的 不确定性 （30分）	1. 对不确定性的创业风险是否有预判 2. 是否有相应的准备和预案应对不确定性风险 （每完成一个标准获得15分）				
初创企业 遇到的 风险（20分）	1. 是否从头到尾地考虑过责任问题 2. 创业者是否能够牢牢控制企业 （每完成一个标准获得10分）				
创业起步 阶段的风险 （30分）	1. 企业的现金流是否充裕 2. 创业者是否信心依旧或者过分自大 3. 创业团队与投资人的关系是否融洽 （每完成一个标准获得10分）				
合计 （100分）					

思考与讨论：谈一谈"假如你是小王"，你会如何规避这些风险？

【教学活动2】

风险投掷游戏

活动目的：通过风险投掷游戏使团队成员体验和承担风险，并了解如何去评估和预防风险。

活动道具：篮子，三个弹力球。

活动步骤:

(一) 第一部分: 个人赛

第一步, 在教室里放 1 个篮子并准备 3 个弹力球 (或用网球替代) 作投掷物。

第二步, 确定篮子 (柱子) 所对应的投掷位。最远投掷位和篮子之间的距离约为 3 米。在最远投掷位和篮子 (柱子) 之间分 10 个等距。每个等距为一个投掷位 (共 10 个投掷位), 用粉笔在地面上用横线来表示每个投掷位, 并标出分数 (从篮子或柱子最近的投掷位开始依次从 1 到 10, 如下图所示)。

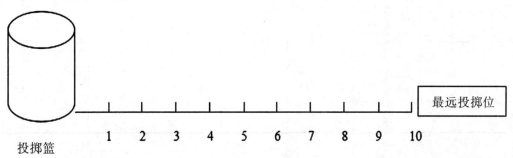

投掷篮

第三步, 正式比赛开始之前, 教师应让学生报数, 学生的 "报号" 就是他 (她) 正式投掷时的比赛顺序。每个学生可以投掷三次, 可以自行选择目标不同距离的投掷位。请两个学生作为助手 (捡球和记分), 记下投掷者成功投掷 (球进篮中) 相应的投掷分数, 失败投掷计 "0" 分。

第四步, 记录员把每个学生成功投掷的分数相加, 即为该学生的得分。工作人员记分时, 应当结合 "站位" 进行。例如, 张三在比赛投掷时, 三次站位分别为 5、6、7, 结果只有第一次投中, 记录成绩组合为 (5, 5)、(6, 0)、(7, 0), 积分 5 分 (见 "风险投掷游戏得分" 汇总表)。

风险投掷游戏得分汇总表

	站位	得分	积分		站位	得分	积分		站位	得分	积分		站位	得分	积分
1				2				3				4			

	站位	得分	积分			站位	得分	积分			站位	得分	积分			站位	得分	积分
5					6					7					8			
9					10					11					12			
13					14					15					16			

思考与讨论：

1. 那些得分最高的学生是怎样确定他们的投掷位的？在三次投掷中，他们的投掷距离有几次改变？

2. 那些得分较低的学生的问题出在什么地方？他们在玩游戏的时候做过什么调整或改变？

3. 那些分数居中的学生对于游戏中的风险采用了什么方法来应对？

4. 如果再次进行这个游戏，学生们会做出怎样的调整和改变来提高得分呢？

（二）游戏的第二部分：团体赛

第一步，首先把全班学生分组，每组五或六人。如果可能，尽可能让个人赛取得优异成绩的学生分配到不同组里。

第二步，每个组的每个学生都要出场投掷，每组所有组员的成绩相加即为小组成绩。第一轮由第一组先出场投掷，第二轮由第二组先出场投掷，各组轮完之后，最后一轮由分数从高到低依次出场投掷。

第三步，给每组三分钟的准备时间，仔细观察学生们在三分钟的准备时间里所做的事情（不要告诉他们该做什么）。有些组可能会在练习投掷，有些组可能是坐在那里讨论出场次序。游戏结束后让学生解释一下他们这样做的原因。

第四步，团体比赛正式开始，各组学生依次出场投掷，然后计算小组成绩。可在比赛进行过半以及最后一轮开始之前，再给各组 2 分钟的讨论时间，制定相应的风险决策。

思考与讨论:

1. 团体赛和个人赛有哪些不同? 在团体赛中学生们使用了哪些其他资源?

2. 团体赛的成绩总和是否高于个人赛中所有学生的成绩总和? 如何解释这种差异?

总结与启示:

风险投掷游戏可以帮助学生理解创业过程中风险的概念和特点,从而具备风险意识,了解"创业有风险,三思而后行"的重要性,同时结合理论讲授掌握风险识别和风险评估的基本原理和方法,学会识别和评估创业风险。

在完成掷球游戏后,可以引导学生如果在创业过程中遇到风险,要在承担风险之前思考如下问题:

1. 这个目标值得去冒风险吗?

2. 怎样使风险最小化?

3. 在决定承担风险前需要什么信息?

4. 人力资源或其他资源如何有助于最小化风险?

5. 在承担这个风险时我担心的是什么?

6. 我愿意尽最大努力去实现这个目标吗?

7. 承担风险能使我获得什么?

8. 在承担风险之前,我需要做哪些准备?

9. 有哪些衡量指标(数字量化)说明我的目标已经实现?

10. 在实现目标的过程中,最大的障碍是什么?

【案例分析1】

ofo 跌落神坛

共享经济是近几年互联网投资的风头,共享单车应运而生,快速发展。

2014 年,还在北大读研的戴威因山地车坏了无法参加骑友活动,在图书馆泡了 7 天,却电光火石间来了灵感:"为什么不给骑友租车呢?"四五个同学一商量,于是有了 ofo。

2015 年 9 月,ofo 微信公众号正式上线,第一天就收获了 100 个订单。

2016 年 1 月底,ofo 客服接到了金沙江创投的电话。第二天,戴威和张巴丁见到了朱啸虎,年后就收到了 1000 万元资金,从此在资本和扩张的道路上一路高歌。

鼎盛时期，ofo 在全球运营超过 1000 万辆共享单车，每天提供超过 3200 万次骑行服务，拥有超过 2 亿注册用户。然而，这座摩天大楼却在顷刻间崩塌，速度之快令人咋舌。

2018 年底，"ofo 开始准备破产重组"的消息将 ofo 推上风口浪尖，超过 1000 万用户挤兑押金，资金缺口超过 10 亿元，法院对 ofo 作出限制消费令，一时间 ofo 陷入了负面舆论的旋涡中。

ofo 成立至今经历了 10 轮融资，目前最后一轮是 2018 年 3 月的 E2-1 轮 8.66 亿美元融资，估值曾高达 40 亿美元。而现在，失去了资金来源的 ofo 却只能苦苦支撑，估值严重缩水，接连退出曾经打下的城市，靠缩减成本维持运营。

ofo 跌落神坛。从组织和战略的角度来看，造成这只年轻的独角兽最终沦为孤独困兽的原因是什么？对于经历过三轮、四轮，甚至更多轮融资的互联网企业来说，应该如何防范与规避这类风险呢？

过度扩张导致风险

2016—2017 年的共享单车可以说是最火的风口，也因此聚集了一大批玩家——以摩拜和 ofo 两大巨头为首，还有小蓝单车、小鸣单车、优拜单车、悟空单车、小白单车、闪电单车等中小型玩家。

玩家虽多，却同质化严重，除了颜色不同，很难说出这些铺天盖地占领了人行道的单车还有什么不一样的地方。共享单车领域竞争的焦点不再是产品和创新，而是资本的血拼：烧钱→竞争对手洗牌→垄断市场→合并→估值越来越高。

随着国内市场的饱和，摩拜和 ofo 开始大举进军国外市场，截至 2018 年中，ofo 已进军 20 个国家，共 250 座城市。然而，国外用户的习惯和市场环境与国内并不相同，比如习惯汽车出行的美国就不会有如此大的需求量。不仅如此，国内生产、海外投放、当地运营的模式，更是带来了高昂的成本，注定是个"赔钱买卖"。

这场共享单车领域的龙虎斗导致这两家年轻企业的创新精神没有用在产品研发和竞争战略上，而是将绝大部分精力放在了疯狂铺量、狙击对手的老路上，误将激进扩张当作竞争壁垒，而自身造血力量不足，对资本依赖过高，最终导致资本冷却后难以为继。

内部管理失控导致风险

经纬中国创始合伙人张颖和戴威曾经有过一段对话。

张颖：夜深人静的时候在工作上最大的焦虑是什么？

戴威回答了三点：一是对用户体验的焦虑；二是公司业务规模不断扩大，组织管理制度各方面都跟不上；三是一年内增加十多倍员工，如何保持公司文化不受到稀释和冲击。

戴威的焦虑不是没有道理的。我们都知道 ofo 是由一群北大毕业生创立的，没有职业经理人经验的大学毕业生，突然成为企业管理者，再加上业务发展及人员膨胀过速，导致管理者的成熟度跟不上业务成熟度，组织架构与管理体系跟不上组织扩张速度。

此外，ofo 冗员情况十分严重，员工数超过 1.2 万，其中正式员工超过 3000 人，且薪资水平显著高于同行业，导致人浮于事，甚至出现内部贪腐情况，组织效率低，运营成本高。

而后期滴滴高管派驻 ofo 之后引发的双方管理者之间的种种矛盾和冲突，更是让本来就不稳固的组织更加脆弱。

市场预判不足导致风险

2016—2018 短短三年间，共享单车经历了资本热潮的大起大落。2016 年，ofo 曾经一年拿了四轮融资，摩拜拿了五轮。但融资撑起的虚假繁荣并不能代表真实的市场需求。很快，血雨腥风后，行业恢复了冷静，存活者寥寥无几。

导致 ofo 败局的一个重要原因也是对市场预判不足，对共享单车的盈利率及资金链断裂的风险没有把控，只顾着盲目扩张，没有看到市场风口的转移，更没有因此做相应的战略调整。

思考与讨论：ofo 跌落神坛的案例对你有什么启示？ofo 还有没有被挽救的机会？你认为该如何"东山再起"？

【案例分析 2】

乐视大起大落启示录

乐视网正式成立于 2004 年，之后的十几年时间，乐视扩张速度惊人。从一个以视频网站、版权分发起家的乐视，随着业务板块的不断扩张，乐视垂直产业链整合业务涵盖互联网视频、影视制作与发行、智能终端、大屏应用市场、电子商务、互联网智能电动汽车等；旗下公司包括乐视网、乐视致新、乐视影业、网酒网、乐视控股、乐视投资管理、乐视移动智能等。可谓是兴盛到不行。

乐视网作为上市公司，是乐视集团一个主要的融资渠道。自 2010 年乐视网首发上市以来，包括首发募资、定增募资以及发债募资等方式的累计融资额度，达到 268.9 亿元。乐视网市值更从上市之初的 50 亿元，飙升 2016 年 5 月 1500 亿元的历史高点，成为继阿里巴巴、腾讯、百度、京东之后第五家市值在 1000 亿元人民币以上的中国互联网公司。

但 2016 年底的资金链问题，成为倒下的第一块多米诺骨牌，随后乐视便开启了崩塌之路。这一危机将乐视体育、乐视网等乐视系公司均卷入旋涡。2017 年初，融创中国为乐视砸入 150 亿元，尝试进行挽救，但效果甚微。随后，乐视的关键词里似乎只剩下

"讨债"和"员工离职"。

2017 年 4 月到 7 月之间，乐视经历了"挪用 13 亿易到资金"危机、乐视网停牌、贾跃亭辞去乐视总经理职务、大规模裁员、多家银行申请财产保全要求冻结乐视旗下公司存款、讨债的供应商云集等堪比美国枪战大片情节般密集的各类事件。

2017 年 7 月，贾跃亭辞去乐视网所有职务，只身赴美造车。随后，宣称要"下周回国"的贾跃亭，却因为逾期多家券商欠款而被列入"老赖黑名单"，还凭着老赖身份登上纽约时报。

2018 年 1 月 2 日，还在美国的贾跃亭在个人微信公众号上称将把上市公司的债务问题全权委托给其妻子甘薇和哥哥贾跃民。

贾跃亭的个人财富从 2016 年的 420 亿元缩水到 2017 年的仅 20 亿元。

一系列的事件，犹如拨动的多米诺骨牌，让曾经风光无限的乐视跌下了神坛。

在唏嘘慨叹之余，更需要对乐视大起大落的原因进行反思。

教训一：多元化扩张要谨慎

乐视从当初的风光无限，到现在的局面，其根本原因还是冒进的扩张导致的资金链断裂。

在乐视所谓的生态体系中，不少的板块其实并不如 PPT 中所言的那么美。比如，乐视体育花巨资购买版权。孙宏斌在详细地了解乐视的财务状况之后直言，"中超本来就不应该做，投了 13 亿元，亏了 5 亿元"。

版权的回报低于投入，或从一个侧面反映了乐视的生态体系并没有当初预计的那么乐观；如果说预期会出现亏损，那更说明了策略的激进。

拿着投资人的钱抢占市场和通道，是现在很多互联网企业热衷干的事情，但一轮疯狂地砸钱之后，留下的则是某细分行业的尸横遍野。因此，无论是企业家还是投资者，疯狂砸钱的时候还是要三思而后行。

乐视从电视制造快速崛起，如果说造手机还能够与电视打造的内容和终端的生态体系一致，那么，造车绝对是压垮乐视的巨大稻草堆。

据有关方面的统计，乐视在汽车产业上的投资超过了 150 亿元。贾跃亭曾估计，乐视造车至少需要 400 亿到 500 亿元的投资。如此巨量的资金，在很多板块都还没有盈利的时候，就贸然地介入，最后资金量断裂就不难让人理解了。

多元化扩张是一把"双刃剑"，在自己的能力掌控之内，可以发挥"1 + 1 > 2"的作用，但是，如果自己的力量驾驭不了的话，往往会被反噬，最后伤了自己。

教训二：专注的"工匠精神"很重要

乐视跌下神坛，也表明了专注深耕一个行业的重要性，精益求精的"工匠精神"才能打造企业的"护城河"。没有自己的核心竞争力，即使站在了"风口"上，被风刮上天空之后，最后也会被摔得很惨。

除了电视之外，乐视介入的手机、体育、汽车等，在当时都被认为是行业的"风口"。大量的资金虎视眈眈，疯狂地涌入。乐视的多元化发展对当时股价的提振无疑是巨大的。

然而，在这些看似有巨大想象空间的多元化中，尽管每个板块都会有相应的团队去操作，但目前看来，多元化的操作还是分散了乐视的专注度，拖累了主业的发展。

在乐视起家的互联网视频行业，乐视已经被爱奇艺、腾讯视频、优酷土豆等远远地甩在了后面。而在视频行业的最新发展方向：短视频和直播，早已涌现出了多个巨头。在这个本应该深耕的领域，善于抢占"风口"的乐视却完完全全地缺席了。

虽然历史不能假设，但是我们还是有必要在此再做个假设：如果乐视不将巨额的资金烧到体育版权、造车等领域，而是投入到直播上，那又是一个什么景象呢？

其实，进入直播领域，根本烧不了那么多钱，更何况直播能够迅速回收现金流。也许，乐视就不会陷入目前的境地。

乐视的惨痛教训，留给企业家宝贵的警示：不要瞎扩张，应该在自己擅长的领域借力扩张。选则跨界，一定要量力而行。做企业不是赌博，要稳打稳扎，在擅长的领域，发挥"工匠精神"，才是打造百年企业的正道。

思考与讨论：你认为还有哪些原因导致乐视出现如今这种局面？假如你是公司的创始人，重新再来一次，你会怎么做？如何控制风险？

【案例分析3】

创业风险案例

创业的过程是一个充满风险、艰辛与坎坷的过程，也是一个充满激情与喜悦的过程。如何才能尽量规避与防范可能出现的创业风险，使创业过程能够顺利一些，尽快掘得第一桶金，是每一个创业者都十分关注的问题。下面通过个案对规避创业风险问题进行了详细的阐述。

1. 选择创业项目阶段，由于不熟悉相关政策、法律、法规，将有一定风险。

案例：魏先生欲在医院设立大屏幕药品广告播放系统，合作医院已经找到，药品生产厂家也十分愿意投放产品广告，正在紧锣密鼓地实施过程中，遭遇了相关执法部门的制止。

分析：不熟悉新修订的《药品管理法》，是该项目失败的直接原因。

规避办法：不管从事哪一行业，必须先了解相关的政策、法律、法规，这是项目可行性分析首要研究的问题，如果遭禁，只有另行选择。

2. 创业阶段，如果对产品技术的成熟度了解不深入，将有一定风险。

案例：张先生与开发出计算机远程控制全色护栏灯的朋友合作，注册了一家公司，拟进行产品的推广。刚刚做出样机，就有客户找上门来，看到计算机模拟演示效果后，便签订了一个很大的工程订单，由于工期较紧，便直接开始大批量生产，投入工程安装。由于抗干扰性能不过关，导致客户退货，造成了巨大的经济损失。

分析：没有进行充分的产品可靠性试验，尤其是缺乏模拟现场工况的试验，是该项目失败的主要原因。

规避办法：凡是在创业选项中选择新发明、应用新技术或投资于高科技新产品的时候，产品的可靠性、技术的成熟度是必须进行重点考核的可行性指标；在产品投入市场之前必须进行产品质量的相关测试，做出产品质量检测报告，如有条件应提供给部分客户使用，做出客户使用报告，使客户的使用情况全面、客观地反映出来，使我们能够正确地作出是否可以投入市场的决定，有效地规避贸然进入市场的经济风险和信用风险。

3. 对所选行业未来发展趋势不了解，将有一定风险。

案例：金先生某次出差去深圳，看到深圳很多闹市区的路边正在立一些停车计费咪表，于是投入资金，研制停车计费咪表。尽管他很快研制出号称当代最先进的车载式咪表，但是公司却因为没有订单而长期亏损，两年后倒闭。

分析：路边停车收费，不符合中国国情，咪表计费行业正日渐成为陷阱行业，仅深圳就有70余家咪表研制企业先后倒闭，成为闯入陷阱行业的牺牲者。

规避方法：不管进入哪一行创业，都必须对该行业的未来发展趋势作出正确判断，如果把握不准，宁肯不进入。

4. 对渠道建设的难度估计不足，将有一定风险。

案例：王先生研制出一种矿泉直饮机，水质好，使用方便且成本低，并自建销售渠道。由于没有一个好的营销策略，又缺乏营销渠道的建设经验及资金，市场始终没有打开，勉强坚持了2年，最终企业还是倒闭了。

分析：没有一个好的市场营销方案，是王先生失败的原因。市场营销渠道建设是一件似易实难的事，项目持有人或发明人在创业时常常会漠视渠道建设的难度而盲目创业，最终导致失败的案例不胜枚举、比比皆是。

规避办法：如果企业创办人没有市场营销方面的经验，就一定要吸纳一位有市场营销经验的人加入创业团队，如果没有合适的人选，就一定要请教专业咨询机构，花一点钱在营销策划上是十分必要的；但是，现实中却有很多创业者为节省一点咨询费而相继牺牲在渠道建设的路上。

5. 在创业项目实施阶段，易出现经营风险。

案例：孙先生开发出一种新型节电装置，找到一位颇有营销经验的李先生合作，创办了公司，李先生市场拓展能力很强，很快打开了市场，订单源源不断，却因为产品质量不稳定遭遇客户大量退货，导致企业倒闭。

分析：营销队伍与研发、生产队伍不平衡，是创业失败的直接原因。

规避办法：对于生产、研发型企业创业者来说，组建一支研发、生产与市场营销相平衡的团队，是创业者必须思考的问题，否则，轻者会使企业的发展速度受到影响，重者会导致创业的失败。

6. 上游供应链不稳定，存在风险。

案例：陈先生在农产品市场租了一个摊位做菌类生意，开始有稳定低价的货源，市场销路很好。不久，为其供货的菌农也在批发市场租了一个摊位，供货渠道中断，经营陷入了困境。

分析：仅仅依赖一两个供应商，没有及时开发新的供货渠道是其经营出现问题的主要原因。

规避办法：经营者必须要有居安思危的意识，尤其是在产品销路好的时候，一定要及时开发新的供应商，搞好供应链建设，才能使自己处于优势地位，立于不败之地。

7. 下游市场渠道不稳定，存在风险。

案例：艾先生开了一家手机批发点，位于省城，辐射到各地市，有40多家外地经销商从他那里进货，开业伊始生意兴隆，各经销商回款也比较及时，可是，随着经营手机的批发商渐渐增多，经销商开始出现回款不及时、经销商不断流失的现象，经营一度出现困难。

分析：竞争者的不断增加、下游渠道的不稳定，是其问题的症结所在。

规避办法：分析竞争对手的销售策略，利用自己的先行之利予以反击；同时采取与下游销售渠道产生共利的办法夯实销售渠道。例如，采取与下游渠道互相参股的方式是十分有效的方法；另外，对下游渠道进行培训、营销指导增加服务内容也是切实可行的办法。

综上所述，创业的过程实际就是不断挑战风险的过程，只要不断学习，勤于研究，就可以战胜风险，取得创业的成功。

思考与讨论：你对上述七个案例中，印象最深刻的是哪个？谈谈为什么选这个案例以及你对如何规避风险的看法。

第 14 章　创业计划

【概念解析】

创业计划书（BP）又称商业计划书，是指按国际惯例通用的标准文本格式写成的项目建议书，是全面介绍公司和项目运作情况，阐述产品市场及竞争、风险等未来发展前景和融资要求的书面材料。

我们很难确定，到底有多少富有激情的创业者因为没有创业计划而未能创建自己的企业，但是下面的研究数据至少可以提供参考意见：美国快速成长的企业中 68% 是从创业计划书开始的，例如微软、思科等知名企业都是如此；完成商业计划的潜在创业者创建新企业的可能性，比那些没有写创业计划的个人高出 6 倍；考夫曼创业领导中心调查获年度奖的创业家的结果表明，制定了创业计划书的企业与没有计划的企业相比，销售额增长 50%，利润增长 12%。

大学生创业初期，虽然头脑可能会酝酿出有创意的创业项目，但往往不是很成熟，需要通过编制创业计划书，减少盲目性和冲动。编制一份翔实可行的创业计划书对一个企业的创办成败有关键意义。

创业计划是创业者把握企业发展的总纲领。创业计划的内容有两个方面，一是企业追求的目标，二是为了实现这一目标的行动规划。行动和目标越一致，创业计划的可行性越高，创业成功的概率越大。因此，撰写创业计划书促使创业者系统思考新创企业的每个方面。一个创业项目在头脑中酝酿时，往往很有把握，但从不同角度仔细推敲时，也许有不同的结果。而通过编制创业计划书，创业者对创业活动会有更清晰的认识，预见创业的可实施性。可以这样说，创业计划首先是把计划中要创立的企业推销给了创业者自己，使创业活动有条不紊地进行。

创业计划是投资者决定是否投资的重要参考。从融资角度来看，创业计划通常被喻为"敲门砖"，撰写创业计划书为创业者准备了自我推销的重要工具，它为新企业提供了一种向潜在投资者、供应商、商业伙伴和关键职位应聘者展示自身的机制。试想一下，假如你是一位投资人，拥有足够资金对某创业项目进行投资，在与几位创业者闲聊后，你打算进一步了解其中两个创业项目的详细信息。因此，你与第一位创业者联系并索要他的创业计划复本，他迟疑片刻后告诉你他还没有准备正式的创业计划，但表示愿意与你当面讨论他的创意。接着，你联系第二位创业者并提出同样的要求，而他立刻表示非常乐意提供一份 30 页的创业计划，以及 10 张幻灯片的计划概要。十分钟后，你通过电子邮件收到了幻灯片文件，同时邮件还说创业计划书会明天一早送到。你看完这些幻灯片后，觉得它们轻松活泼又不失重点，非常巧妙地突出了创业机会的优势。第二天创业计划书如期送到，其内容也给你留下了深刻印象。那么，哪位创业者会说服你给他的创业项目投资呢？在其他条件相当的情况下，答案就很明显了，第二位创业者会赢得你的投资！因此，一份高品质且内容丰富的创业计划书，就会成为创业者向投资者传递信息的关键媒体。

【教学活动1】

失踪了十文钱

活动目标：通过本活动使学生认识到选择正确思考方向的重要性，创业计划书的撰写也要运用正确的思考方向来统筹全局。

活动步骤：

1. 教师向学生们讲述《失踪了十文钱》的故事，内容如下：

从前，有三个穷书生进京赶考，途中投宿在一家旅店中。这间旅店的房价是每间 450 文钱，三人决定合住一间房，于是每人向旅店老板支付了 150 文钱。后来，老板见三人可怜，又优惠了 50 文钱，让店里的小二拿着还给了三人。店小二心想：50 文钱三个人如何分？于是自己拿走了 20 文钱，将剩余的 30 文钱还给了三个书生。

每个书生实际上各支付了 140 文钱，合计 420 文钱。加上店小二私吞的 20 文钱，等于 440 文钱。那么，还有 10 文钱哪里去了？

2. 请学生们针对题目展开讨论，寻找答案。可按照 5 ~ 10 人一组的方式进行分组讨论。5 分钟后，各组派一名代表阐述小组所讨论的结果。

教师点评：这是一个具有一些思辨性质的题目。只要学生们开动脑筋，按照一个正确的方向进行思考，突破题目中设定的思考模式，应该比较容易找到答案。但是哪怕一件简单的事情，如果思考的方向出了问题，就会弄得大伤脑筋。这就好比在撰写创业计划书时，需要团队共同思考，不断理清思路，朝着正确的方向前行。如果方向错了，很容易导致整个创业计划出现致命错误。

思考与讨论：10 文钱被算丢的原因是什么？从这个故事中，你得到了什么启发，对今后撰写创业计划书有哪些借鉴之处？

【教学活动 2】

纵观全局测试题

活动目标：锻炼学生在制订创业计划书过程中纵观全局的能力。

活动道具：笔、测试题。

活动步骤：

1. 教师给学生发放测试题，要求在 3 分钟之内做完。

2. 思考撰写创业计划书时，如何做到掌握全局、反复推演、理清思路？这对指导我们的创业行动尤为重要。

附测试题：

1. 做事之前通读所有材料；

2. 将你的名字写在本页的右上角；

3. 将第二句中的"你"这个字圈起来；

4. 在本页左上角画六个小三角；

5. 大声叫你自己的名字；

6. 在本页的第二个标题下，再写一遍你的名字；

7. 在第一个标题后面写上"是""是""是"；

8. 把第六个句子圈起来；

9. 在本页的左下角写个"×"；

10. 如果你喜欢这项测试就说"是"，不喜欢就说"不"；

11. 如果在本测试中你的成绩达到了这个点，就大声叫一下自己的名字；

12. 在本页右边的空白处，写上一个"34×9"的算式；

13. 在第九个句子的"×"上面画圆框；

14. 如果你认为自己已经仔细地按要求做了，就叫一声"我做到了"；

15. 在本页左边的空白处写上"33"和"75"；

16. 用你正常说话的声音从 10 数到 1；

17. 站起来，跳两下，然后再坐下；

18. 大声说："我做完了，是按要求做的!"

19. 如果你是第一个做到这题的，就说声："我是胜利者!"

20. 既然你已经按第一句的要求，认真读完了全篇内容，那请你只按第二题的要求做就好了，这就算任务完成了；

21. 完成任务后不要吭声，等待活动结束，顺便看一下表，看看自己做了多长时间。

思考与讨论：为什么有些人在规定的时间内完不成任务，而有些人不到 1 分钟就做完了？没有按照指示做，迅速而直接地朝任务下手是否会比较快，为什么？开展创业活动时，对于如何撰写好创业计划书，你是否有了更深刻的体会？

【教学活动3】

编制创业计划书

班级学生自由组合成创业团队，每个创业团队 5～7 人，最好知识、能力、性格互补，遵循创业计划书的编制原则，完成一份创业计划书的编制，将创业点子发展成为创业项目的策划方案，要求包含创业计划书的基本要素与内容，文字简洁、语言流畅。

具体操作流程：

1. 创业计划构想。每支创业团队经头脑风暴后形成各小组的创业构想，并对创业构想进行细化，形成一个比较完善的创业项目。

2. 市场调查。准备一份 1～2 页的客户调查纲要。提供一份用过的调查报告和调查方法的描述。确保能够获取大量的信息，包括潜在客户的数量、他们愿意付的价钱、产品/服务对于客户的经济价值。

确定你的潜在竞争对手并分析本行业的竞争环境。分销问题如何，形成战略伙伴的可能性？谁是你的潜在盟友？要求完成一份 1～2 页的竞争者调查总结。

3. 文档制作。以小组为单位，进行每支创业团队的创业计划书路演展示，其他小组进行点评和讨论，教师对学生的路演展示进行总结。

思考与讨论：你认为在编制创业计划书过程中应该注意什么？思考编制创业计划书时的重点与难点。

【案例分析1】

进步咖啡屋

胡娟今年25岁。她的母亲经营一家建筑公司，父亲经营一个私人音乐学校。读高中期间，胡娟是校学生会主席。通过学生会的活动，她接触到了蓝色咖啡屋，这个咖啡屋在该市某旅游景点成功地进行着特许经营业务。在蓝色咖啡屋，胡娟在所有部门都工作过，还与员工和经理们讨论过业务，因此她体验并掌握了经营咖啡屋的诀窍，并获得相应的资质证书。

多年以后，胡娟读大学了，她主修信息和通信技术（ICT），辅修小型宾馆管理。在学校要求的暑期实践活动中，她为多家小宾馆设计和实施了 ICT 系统，并获得 SIFE① 中国区总决赛的第一名。毕业后胡娟在一家四星级宾馆工作了一段时间，接着她申请并获准经营进步咖啡屋。这家咖啡屋租用了某写字楼的底层和草地。

胡娟基于早前对该咖啡馆的了解以及与相关人士的探讨，已知晓下列信息：进步咖啡屋在获得市政府营业执照后，由另一名女士经营了十年左右。这位女士后来成立了一家公司为当地的超市加工食品，最近还移民到了外国定居。

进步咖啡屋空间非常宽敞。它的目标顾客是该写字楼的办公人员（约3000人），及另外3000多名居民。一些顾客只是路过，另一些则在那座写字楼附近的写字楼和企业里工作。咖啡屋早上七点开门营业，晚上十点关门，每天大概接待顾客900余人。咖啡屋向附近的居民提供直接配送业务、外卖服务及直接服务（自助服务和服务员服务）。在这个商业区内还有其他四家咖啡屋。第一家由于营业空间太小，显得非常拥挤；第二家是一家国际特许经营店，价位很高；第三家位于隔壁建筑的第三层；而第四家则位于后街，并且该咖啡屋没有设置座位。目前，进步咖啡屋已经占据了该区域15%的市场份额。

---

① SIFE（Student in Free Enterprise，中文音译为"赛扶"）是一项世界性的大学生赛事，旨在通过学生自主开展商业设计和实际市场运作，来促进市场经济、商业道德、企业家精神等理念在全世界范围内的推广。

一直以来，进步咖啡屋每年创造的净利润达 120 万元。从毛利润中扣除 23% 的所得税之后，每月的平均净利润为 10 万元。所有销售均是现金交易。每月的项目和食品支出以及其他直接费用占销售额的 50%，经营、管理费用占 28%，营业税占 5%，净利润占 17%。每月的销售额高达 60 万元，项目/食品支出 30 万元。其他经营费用包括，人工支出 10 万元，租金 2 万元，水费 0.45 万元，电话费 0.6 万元，电费 0.7 万元，运输费 0.5 万元，办公费 0.2 万元，维修和清洁费 0.8 万元，还贷利息 4.5 万元，其他费用 1.3 万元。一年中所有月份的数据基本上固定不变。咖啡屋由包括所有者在内的 11 名员工经营。其中厨师 2 名（根据需要可再聘一些），出纳 1 名，仓库保管员/采购员 1 名，服务员 4 名，清洁工 2 名，所有雇员都受胡娟领导。所有雇员自咖啡屋开张之日就在此工作，并且都有相关的从业资格证书，因此他们能胜任自己的工作。咖啡屋重新开张还需要 200 万元启动资金：其中存货 30 万元，购买货车需 55 万元，购买库房需 25 万元，购买餐具需 18 万元，购买炊具需 30 万元，购买家具需 23 万元，5 万元用于开业前准备，预留 14 万元现金。胡娟的储蓄只有 100 万元，母亲将借给 50 万元，无须偿还利息，而银行也将以 10% 的利率贷款给她剩下的部分。

此外，进步咖啡屋与一家电话中心和一家网吧在同一座写字楼上，那家网吧由一家创业者俱乐部经营。进步咖啡屋提供不含酒精的热饮、冷热点心、水果、蔬菜沙拉、冰激凌，及健康易消化的食品，价位在目标顾客的承受能力之内。胡娟计划维持原价位不变。同时，为吸引更多顾客，她计划实行以下策略：制作精美的宣传册，安装醒目的广告牌，播放高雅的背景音乐，为社区外顾客送货，提供优质餐具和舒适的环境，改进整体设计，要求雇员礼貌待客，提高服务质量，并且分区提供不同服务，避免拥挤。此外，她还计划通过希望工程资助十名本地儿童接受教育，向老年基金会捐款，辅导有志创业青年，参与推动城市美化环境活动等。

思考与讨论：

1. 结合案例，请学生回答下列问题：

（1）从本案例中你了解到哪些胡娟的个人信息？在做出经营咖啡馆决策前，胡娟又是如何获得相关信息的？你认为哪些技能、特质及经验表明胡娟能成功经营这家企业？

（2）咖啡屋提供哪些产品和服务？你认为它们的需求如何？市场份额或规模有多大？

（3）进步咖啡屋的潜在顾客有哪些？胡娟采取哪些措施或策略吸引新老顾客？哪些指标显示进步咖啡屋有扩展业务的潜力？哪些特质使得进步咖啡屋较其竞争对手更可能取得成功？

（4）为使咖啡屋有效运作，需要多少雇员？每个雇员应具备的资质和应履行的职责分别是什么？请画出进步咖啡屋的人事组织结构图。

（5）胡娟将借助哪些外部专业服务支持其咖啡屋的经营？在法律范围内经营业务，进步咖啡屋要遵守哪些规定？

（6）胡娟一共需要多少资本来经营咖啡屋？她在为咖啡屋融资时自己出资多少？又打算借多少资金？哪些支持性证据或资质证明能帮助胡娟获得所需贷款？

（7）经营咖啡屋需要做哪些经营记录和报表？请计算咖啡屋月度及年度的总销售额、咖啡屋开始经营之前需要多少费用、经营咖啡屋需要多少流动资金以及咖啡屋一共需要多少固定资产？

（8）咖啡屋每月用于下列各项支出的总费用是多少：

存货（项目和食品）：_____。

劳动力（所有其他雇工）：_____。

管理费（租金，电费等）：_____。

（9）进步咖啡屋第一年的销售收入和支出分别是多少？第一年预期的销售收入和支出又分别是多少？

（10）第一年年终，进步咖啡屋将持有多少现金？列出进步咖啡屋第一年的现金流预算。胡娟能获得多少利润？列出进步咖啡屋第一年的预期利润表。咖啡屋第一年年终的净值是多少？列出进步咖啡屋第一年的预期资产负债表。

（11）用百分比表示，进步咖啡屋的毛利润率（毛利润/投入）是多少？

2. 结合"进步咖啡屋"案例，请同学们进一步谈谈对创业计划书作用、结构设计、内容、编写创业计划书的时机选择等关键问题的认识。

【案例分析2】

这样的创业计划书会被 VC 扔掉！

有 VC 曾尝试去了解为什么大部分商业计划书不管用，他通过多年与创业者和创业企业的合作，从成千上万的商业计划书中，寻找到了让它们丧失吸引力的共同特征。结果是，有 5 种常见类型的商业计划书会很快被扔进垃圾桶，不会被多看一眼。

1. 我们公司是这个样子的，不要担心客户面临的问题

在这种商业计划书中，创业者很迷恋他的技术优势。计划书一开始不是指出要解决潜在客户面临的问题，而是详细解释他的技术原理、为什么会领先、这个技术是如何比

目前的其他方案更好、更快、更便宜。因此，这种商业计划书通常只有那些已经对特定的技术领域很熟悉的人才看得懂，但糟糕的是，经验老到的投资人知道，更好的技术并不是总能在商业上获得成功。

这种自以为是的商业计划书给 VC 表达了一个清晰的信号：创业者的优先次序搞混淆了。比伟大的技术或创意更重要的是技术或方案能够解决客户面临的问题或麻烦。

有一个更好的方式。好的商业计划书一开始就明确定义公司的产品或服务要解决客户的什么问题——真正麻烦或引人关注的问题——并有市场研究、证明、购买意向等材料证明，这种问题是真实存在的。如果你能说服投资人这个问题是真实的，他们会被吸引住，至少是暂时被吸引，他们也想看看你是否找到了一个解决方案。如果这个问题是不存在的，不要写了，不需要解决方案。下一步，确定哪些客户面临这种问题，即使初始的目标市场很小。但投资人知道，如果能在初始目标市场站稳脚跟的话，随着公司成长，细分市场的成功可以成为进入其他市场领域的平台。

看看领先的运动鞋品牌 Nike 的例子，创始人 Phil Knight 和 Bill Bowerman 分别是一个长跑运动员和田径教练。他们定位于解决长跑运动员的脚踝扭伤、胫骨损伤及其他由于穿着跑鞋、长期在野外粗糙道路上训练导致的损伤。Nick 的新乳胶鞋底就是为了解决运动员的痛苦，最初的鞋是定位于专业的长跑运动员，绝对不是一个大市场。但是，当长跑运动员穿着 Nike 鞋赢得奥运会金牌的时候，其他运动员就跟着他们学了。

2. 每个中国小孩一瓶可乐

这种商业计划书拿出一堆二手的数据，想展示出一个巨大的、高速发展的市场。然后，创业者会假定公司将获得一定的市场份额——比如 1%、10%、30% 等。商业计划书上会这么写："当然，由于市场中巨大的客户基础，我们很容易就能获得足够的客户。我们只需要很小的份额就能成为一家很棒的公司。"这样的计划书表明创业者并不确定自己的初始市场定位。相对于要在一个容量巨大的市场中获得一个小的份额，更容易在一个清晰定位但容量不大的市场，获得一个较大的份额，比如 Nike。而且，要进入一个新的市场，需要获得客户的认知，要有销售系统。"每个孩子一瓶可乐"的计划忽略了这些环节，这些商业计划都忽略了最困难的工作——制定策略提升市场认知度、获得客户购买意愿、建立销售系统等，更不要说对应的费用支出了。

这种商业计划书给出的一个信号就是创业者不愿意从公司的电脑后面走出来，去跟潜在的客户沟通。跟客户沟通是很辛苦的事情，但是这不仅可以给商业计划书的写作带来各种好处和认识，对于公司的业务本身也有很大好处。这种沟通可以发现客户的真实需求，有利于公司对产品进行针对性调整。

也许你可以找到一些二手数据，支持你关于市场容量、市场发展走向等方面的观点。所有这种数据要加上并注明来源，以证明数据本身和你本人的可靠性和可信度。但这只是开始，你还需要从你跟客户的沟通和调查中获得一手数据，这样才能证明客户购买你的产品的可能性。

还可以做些试验，比如市场测试。在写商业计划书之前，验证的假设越多，你就越有说服力。但是要注意：如果你要把所有的东西都验证了，才开始写商业计划书，机会可能就丧失了，有人可能赶在你的前面占领市场了。

商业计划书中每一个陈述都要有证据支持，如果没有，就删掉它。

3. 看看我们的（预测）利润

这可能是最难发现的一种问题商业计划书。它的原型是失败的互联网公司 pets. com，这家公司在网上卖宠物食品。简单来说，一次一袋地销售配送狗粮的经济效益，是没有办法与把这些狗粮大量堆放在超市或折扣店并让客户自己配送的经济效益竞争的。

这种商业计划书通常有一个详细的 Excel 表格，说明这些数字是怎么来的。这也是为什么这种计划书很难被发现——因为这些数字看起来是可行的。有个创业者跟我说过："几瓶啤酒和一个 Excel 表格，你就能迅速挣一堆钱"，或者说看起来是这样。

老练的投资人不仅仅会把你的 Excel 表格撕得粉碎，还会用一堆问题考验你：收入模式是大量小额交易（比如 Amazon.com）还是少量大额交易（比如汽车制造）？净利率是依靠高毛利来抵销高额研发成本（比如 Microsoft）还是低毛利低成本运营（比如 Costco）？是否需要大量固定资产投资（比如生产设施）？运营资金周转是否有利（可以预收吗）？需要维持库存和应收账款并占压现金吗（生产和分销业务）？上面这些因素的某种合适的组合会有吸引力，有些组合则从一开始就是有缺陷的。

4. 我们的团队很牛

投资人不会被顶级文凭、过去大公司的工作经历所蒙蔽，他们首要关注的是某个行业面临的主要挑战，以及你的团队是否有经验应付这样的挑战。

每个行业都有关键的成功因素，概括地说，通常都会有两三条，如果处理好了这些，其他不重要的因素即便处理不好也不会影响你成功。比如，对于零售行业来说，位置就是一个关键的成功因素。

在商业计划书中，确定行业的关键成功因素，并展示出团队成员的专业能力和经验跟这些因素是匹配的，这样就很有可能吸引投资人的注意，至少也会让他们多看几眼。

在这里，实话实说也有帮助。

很奇怪，商业计划书中指出管理团队缺少的关键技术或能力也没问题，告诉投资人你的团队的不足，可以让投资人推荐一个他喜欢的、合格的人来弥补这个缺陷。

能够成功融资的商业计划书中，通常包含有 1 个或多个团队成员有过失败的创业经历，如果从这个失败经历中能够学到一些经验教训，那对于投资人来说，这个过程会被看作是别人帮着交了学费。

5. 什么都很好

那些最常见的和最先被扔进垃圾桶的商业计划书中，创业者写的全是好话，找不到自己的公司和业务的任何问题。

投资人知道，现实世界中，大部分的商业机会，即便是很好的机会，也有一些缺点。通常，对于早期公司，客户是否愿意购买或者是否愿意承受设定的价格都不清楚。另外，在现在全球经济产能过剩的背景下，大部分行业并不是机会无限。

有经验的创业者对于创业机会有深入了解，他们知道在市场和行业中有很多潜在的陷阱。

大部分的创业机会有很大的不确定性，大部分的创业公司会失败。那些成功的少数——获得资金、客户和正现金流——通常都不是因为他们最初那份写出来的"A 计划"，而是因为一份还不知道的"B 计划"。

这里，实事求是是关键。你的商业计划书中也许会包含一些问题没有得到解决。你的解决方案可行吗？客户会买账吗？他们愿意花多少钱购买？竞争对手会如何对付你？创业团队有需要的专业能力和经验吗？

在商业计划书中不要试图掩盖那些不足和不确定的地方，要明确提出来并坦率地应对。不要把这些都当作投资风险，并想方设法阐述为什么这些风险将不会发生。

思考与讨论：上述被披露的 5 种容易被拒绝的创业计划书的问题出在哪里，你有什么可分享的建议？

【案例分析 3】

创业计划书实例解析

纸上得来终觉浅，绝知此事要躬行。我们来通过一个典型的、真实的大学生创业计划书案例来具体分析。该项目选自杭州师范大学的"杭州壹口袋科技有限公司"创业团队。该项目创业计划书完成时间为 2019 年 1 月。

一、封面内容

杭州壹口袋科技有限公司，把所有培训都装进口袋里——全国教育团购超市领跑者。

点评：封面内容中有公司名称和一个短语式的公司特点概括，可以让阅读者对项目一目了然。公司特点的一句话高度概括在封面中呈现尤为重要，它既展现出项目的主营业务，又凝练了企业的特色。好的项目封面，让阅读者立刻就能被吸引，甚至一下子记住这个项目。而设计美观、具有艺术性的封面，会使阅读者形成良好的第一印象。

二、执行概要

杭州壹口袋科技有限公司是一家教育培训机构入驻模式的第三方教育团购超市，专注于 C2B（Customer to Business）教育+电商的拼团模式，以提供优质教育资源为先，以共享为驱动，将团购+社交的理念融入教育超市运营中：目标人群（大学生群体）发起邀请，通过拼团降费成功后，以更低的价格购买到更优质教育资源，进一步优化和净化教育培训市场。

本公司成立于 2018 年 10 月，目前有核心成员 14 人，各高校代理 200 人，学生兼职团队 500 余人，入驻培训机构共500 多家，经营范围囊括全省高校。第一年公司帮助 2140 人次团购报名，人均收费 300 元，实现月营业收入 104 万元，财务状况盈利 25.8 万元。

预计在 5 年内成为全国领先教育超市，把所有培训都装进口袋里。

点评：这一段总体写出了执行概要的要点，但过于简要，未能描述行业的痛点、市场的规模、项目的发展前景以及盈利模式等内容。执行概要是投资者、专家评委阅读商业计划书时首先要看到的内容。一般包括：公司介绍、解决的问题、管理者及其组织、主要产品和业务范围、市场概貌及前景、营销策略、销售计划、生产管理计划、财务计划、资金需求状况等。概要简明、生动，每个要点用一两句话概括，内容控制在 1~2 页纸。风格要开门见山，夺人眼球。

三、企业描述

杭州壹口袋科技有限公司自创办以来，已经成为集艺术和文化等为一体的教育兼职和实习平台，连接教育教师与培训行业的桥梁。在本平台上可以团购学习资料和材料，团报各类资格证考试培训，如考研培训、雅思托福、专升本培训、考编培训、考公务员培训，高校生三位一体培训等。本平台还承办团体社会实践，团体高校活动，团体创新创业。团购既能减少大学生的考证学习开销又能给人安全感、归属感，让大学生的学习从此充满活力，一路到底。

这里有全国各大高校和你团购英语四六级资料，这里有全国各大高校和你团报舞蹈教师资格证考试心理咨询师、人力资源师、营养师、国家二级建筑师、药剂师等项目，这里有团购专升本培训、考研培训、雅思托福、艺术留学、四六级等团报，千人团、百人团，甚至万人团，只要你有需求，就可以给我们企业公众号后留言，下一个千人团也许就是你发起的，团购的力量既能减少大学生的考证以及学习开销又能给人安全感。

目前，公司已与 KIMIMAMA 国际幼园中心、上海韦哲国际创意中心、现代艺术学校等 300 多家企业达成了兼职、全职人才招聘合作；与中公考研、新航道、新东方等 100 多家机构达成了教育培训团购合作。公司推出的线上平台，精准覆盖浙江杭州下沙高教园区中国计量大学、浙江理工大学、杭州电子科技大学、浙江工商大学、杭州师范大学、浙江财经大学、浙江传媒学院、浙江水利水电学院等 15 所高校。平台已入驻企业400 家，登记注册大学生 2 万多人。

> 点评：这部分内容总体符合企业描述要求，还可以增加企业发展历史、企业创意来源、企业创建的驱动力量以及公司理念、战略目标等内容的阐述。

四、市场分析

（一）市场概况

大学生课外教育行业需求大，使得培训机构不断增多，市场竞争日趋激烈。但由于法规对培训行业的规范和监督，同时行业标准也未出台，行业门槛较低，使得大量不合格机构也浑水摸鱼，广告多，信息不对称。大学生课外教育行业种类丰富、质量参差不齐，需要花费大量的时间去挑选适合的教育培训机构。

培训机构费用普遍较高。如国考及省考面授培训费用平均水平过万。具体而言，笔试面授培训主流课程费用都在 1 万元左右，培训周期为 15～45 天；而面试面授培训主流课程费用在 1~1.5 万元，培训周期为 7~10 天，说明整体课程费用较高。如果按课时单价来算的话，课时费用为 300~700 元，水平甚至超过 K12 课外辅导。但报考人数不减。

从专业培训机构连锁化。从教育培训机构从业人员年龄结构来看，21~25 岁占到 39.17%，26~30 岁占到 47%。数据显示，培训机构培训对象的学历层次，本科占到 50%，大专占到 26%，高中以下占了 11%，研究生含博士只占 13%。从培训结构可以看出实际上在校学生是最大群体，占到 23%。

教育部《2012 年全国教育事业发展统计公报》的数据显示，2012 年，全国接受各种非学历高等教育的学生 394.84 万人次，当年已结业 778.53 万人次；接受各种非学历中等教育的学生达 4969.81 万人次，当年已结业 5537.04 万人次。全国职业技术培训机构 12.38 万所，比上年减少 0.58 万所；教职工 50.66 万人；专任教师 28.22 万人；全国共有民办培训机构 20155 所，860.64 万人次接受了培训。

（二）市场定位

中国经济发展进入新常态，消费成为拉动经济增长的核心动力，大学生成长于网络高速发展的时代，其消费和娱乐存在明显的互联网印迹。大学生年度消费规模达 3800 亿元。因此，我们将我们的核心市场定位为在校大学生。

我们面向各大高校的在校大学生。随着就业等问题的加剧，社会竞争日益激烈，就业压力越来越大。即将走向社会抑或正在校园学习的大学生都将选择继续深造，包括考研和留学等。因此，我们提供了一个教育超市，让他们能更快速、方便地了解自己需要什么，而通过团购和拼团来降低价格参加各类培训课程。同时，这一块市场处于完全空白状态，属于一个新的平台，这对于我公司的发展是机遇也是挑战。

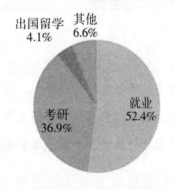

2018届本科毕业生计划大学毕业后参加工作的比例

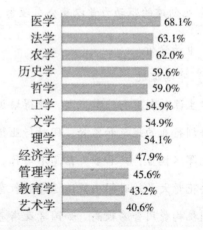

2018年不同专业大学生计划深造的比例

大学生毕业后考研出国深造情况

2018 年大学生大学在读期间所参与的培训课程调查情况

（三）行业问题

（1）信息不对称；

（2）教育培训选择多；

（3）广告多；

（4）不明报考条件；

（5）课程费用高；

（6）考证流程复杂。

（四）解决方案

1. 实地考察，品牌调研，开启评价模式。

2. 团购＋社交，降低培训费用，经济便捷。

3. 在平台上罗列各类证书，显示报考时间，报考要求。

（五）竞争者分析

蔚来地图：蔚来地图为培训机构和家长用户而生，帮助机构推广介绍，制定多方面全维度的信息化解决方案，为家长用户提供全方位的培训信息，帮助家长高效且便捷的选择，并通过大数据与用户建立情感的连接，真正为提高培训行业的管理效率和办学效益助上一臂之力。但蔚来地图侧重于定位，无法给客户提供实质性的机构显示，不能立即给到反馈，而壹口袋侧重于团购＋社交，能给客户提供拼团的服务，降低培训费用。

中国教育超市：中国最大的教育招生信息发布平台，帮学生选学校，帮学校招学生，覆盖了全国的各个省市、各类培训项目。但中国教育超市框架太大，用户选择起来非常不方便，增加了不必要的流程和环节，而壹口袋能起到点对点服务的效果，用能更高效便捷地解决用户问题，团购+社交，更能受到年轻人的推崇。

> **点评：** 这一部分市场分析做得很详尽，从目标市场选择、行业痛点、解决方案、竞争对手分析的角度，说明大学生教育培训市场状况，为后续企业产品与服务的定位、营销计划的实施、盈利模式的确定都打下了基础。项目描述的行业问题，简明扼要地指出了行业存在的痛点，实际上该项目最大的特点就是通过团购模式解决了"培训费昂贵"的痛点。创业者首先要找到行业痛点与核心需求。如何在一个行业的痛点上解决一个核心硬需，找到能代表一类人群的需求是创业的关键。
>
> 市场分析模块要求严密、科学，提供的数据翔实可信。该项目在市场概括中指出，"大学生课外教育培训需求大"，但未能提供相应的需求数据，略显苍白；"培训机构费用普遍较高"，这段有数据支撑，就比较能说明问题；"专业培训机构连锁化"，这段描述并不能说明连锁化问题，主要分析培训机构情况；"大学生年度消费规模达3800亿元"，未注明出处，未说明"消费"类型，是培训费支出，还是娱乐支出？不够严谨，不足以说明"核心市场定位在校大学生"的缘由。
>
> 编写创业计划书要求一切数据应该根据现实证据和周密调研，而不是臆测和想当然，应尽量客观、实际，呈现出客观、可供参考的数据与文献资料。注明数据来源，能够有力佐证数据的可信度；使用最新数据，能够充分证明数据的有效度。

五、产品与服务

（一）升学课程团购：大学生的考研、专升本培训板块

（二）考证课程团购：教师资格证、普通话、大学英语、心理咨询师、建造师证、

舞蹈教师资格证等培训板块

（三）留学课程团购

（四）艺术课程团购（引流爆品）

理查德克莱德曼音乐会、舞蹈皇后朱洁静大师班以及 1 元领教材产品。

（五）教育培训机构兼职招聘信息服务

为教育培训机构提供线上招聘信息发布平台和线下招聘会，已有 KIMIMAMA 国际幼园中心、上海韦哲国际创意中心、现代艺术学校等 300 多家企业入驻；为大学生提供培训机构兼职教师招聘信息服务，已建立兼职社群，覆盖全浙江省近 100 所高校，精准覆盖杭州下沙高教园区，覆盖近 20000 人群。

点评：这里用了大量的实例图来展示项目的产品与服务，直观、清晰、生动。尽管如此，产品服务模块还应精准地描述产品或服务的名称、特征、功能等，要对产品或服务低成本、定价依据、利润等情况进行说明。比如，产品的特征、课程的定价问题以及为什么能吸引大学生客户等问题，应当阐述得更为详尽。

六、营销计划

（一）线上营销模式

通过资源大数据化智能管理，前期通过小程序和企业公众号，形成一定企业形象和热度。

各类考培信息在企业公众号推送。

与各类学习软件进行合作＋入驻。

与今日头条/热度平台合作进行宣传。

（二）线下营销模式

高校活动延伸，组织开展高校的教育类专场招聘会，高校联办活动，组织各高校创业联盟。

合作下沙高教园/其他高教园的校园附近商家，已形成长期合作，目前已有 100 家左右。

入驻校园官方考级考证＋培训，浙师大、杭师钱江、浙江外国语等已入驻平台，链接到壹口袋。

（三）创意活动与营销

点评：企业营销计划首先要清楚地阐明营销战略、定位和差异化，关注企业如何宣传和销售它的产品或服务，然后讨论它们如何被价格、促销组合、销售流程和分销策略所支撑。该部分内容描述了项目已经做了的工作，还应增加整体营销策划及后续计划。

特色项目培训、考级活动

举办杭州第一届百校联动下沙高校附近门店免单活动

七、管理团队和组织结构

金飘霞：杭州师范大学钱江学院在校生，负责全盘统筹和协调各方面的事项，同时也是该公司的实际负责人，解决公司日常运作和资金方面的问题。具有多年管理经验，在教育行业具有优异的表现以及丰富的资源。从 2013 年开始积累资源，稳扎稳打、循序渐进，平台业绩稳步上升。在谈判和社交方面有一定的天赋，目前已经合作在杭 500 多家机构和企业，思路清晰，执行力极强。

姓名	性别	专业	承担任务	获奖情况
严敏杰	男	英语	整体运营	杭师大钱江学院外国语分院学生会主席 多次获杭师大优秀学生干部荣誉称号
朱慧霞	女	学前教育	团购运营	国家级啦啦操教练，国家级啦啦操裁判员，中国舞蹈家协会合作成员
林义尚	男	计算机	技术支持	2018年ACG比赛一等奖 2016年计算机大赛三等奖
黄晨洁	女	英语	产品营销	2016浙江省政府奖学金 2016外贸知识竞赛三等奖
顾雨欣	女	体育	人力招聘	体育分院学生会副主席 2017—2018学年素质拓展奖学金

点评：该项目管理团队描述清晰，呈现了企业创建者的实力、团队内部的专业差异化、互补性以及成员胜任力。团队成员均由在校大学生组成，这类情况在大学生创业项目中普遍存在。大部分创业初期的团队成员因为具有共同的理想、目标而聚集到一起，一般初期的团队是最具有凝聚力的。随着项目的逐步深入，或者准备争取投融资的，这类团队成员的构成是明显不足的，需要加入在本行业具有一定资历或者丰富资源的社会人士，来提升并支撑团队的能力。在校大学生创业项目可以挖掘校友资源扩充团队。

八、运营计划

本项目主要的板块是"壹口袋"线上平台的课程团购。线上平台中，在校大学生像进入"超市"一样，进行浏览、咨询、选购课程，并通过平台发起团购；培训机构作为商家入驻在壹口袋平台，获得择优展示和排序。经过壹口袋的平台，学生与培训机构达成课程团购行为，从而由培训机构负责授课服务，学生在听课后给出评价，评价机制也将影响培训机构的销量。

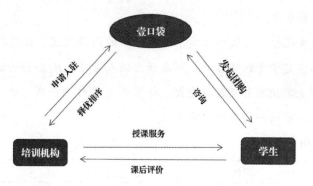

"壹口袋"平台的盈利模式有如下几种：

1. 培训团购	收取机构入驻壹口袋平台入驻费。 团购报班费按实际报名情况返点。
2. 师资招聘	体验式转发招聘信息收费。 招聘兼职优选入驻平台。 兼职招聘机构 VIP 会员。 点对点教育类招聘如：兼职教师、全职教师收入费用。
3. 平台合作	公众号推文广告位，合作运营推广，赞助推广。 我们与各大高校、机构、商家间有着密切联系，接各类优秀策划和推广。 联合举办各类比赛/大师课程等。

　　点评：本部分重点突出"教育团购"核心业务的运营方式，有条理地梳理出了产品与服务运作流程、盈利模式，图文并茂，清晰直观。

　　九、财务规划

　　（一）公司中短期发展与规划

　　发展初期：2 年

　　打造在杭高校知名品牌，壹口袋教育团购平台，在个别高校能够设有实体点。这时候可以主要以宣传为主，在杭覆盖率高，保持月营业额 100 万元以上，

　　发展中期：目标 4 年

　　覆盖省内各个高校，让壹口袋走进学生心中，走进想要高级考证人群的心中，能够合作省内各大企业、与知名企业达成战略合作，月营业额破 300 万元。

发展中期：目标6年

实现全国在校生团报，全国线上线下都有我们的团报渠道，让团报文化覆盖国内各个高校，并设立各类奖学金回馈客户。形成强大的人才库，给企业输送人才资源。公司上下各司其职，营业额稳定并且数据庞大。合作各大国内外企业，让中国的教育团购文化传播到各地，把所有培训都装进口袋里。

（二）项目初期资金投入

项目	用途	金额（元）	小计（元）
初始投资支出	广告宣传费	24000	34000
	其他	10000	
固定资产	电脑	8000	10000
	办公设备	2000	
第一年所需营运资金	应付职工薪酬	36000	207240
	销售及管理费用	152400	
	营业税金支出	18840	
流转资金	日常开支	48760	48760
总计		300000	300000

（三）未来三年预测

公司于2018年10月开始正式投入运营，当年能够实现营业收入82万元，销售毛利率为80%，净利润为66万元。后期随着知名度提高，经营规模逐渐增大。预计2021年实现总营收233万元，为公司产品进一步推广、公司规模扩张提供了良好的资金基础。2021年持续营业收入继续保持较高速增长。本公司财务前景良好，成长潜力巨大。

点评：财务预测应考虑过去三年的财务数据（如果有的话）及今后3～5年的财务预测，并提供相应的财务报表。该项目有良好的运营基础，尽管只有2个月的财务数据，但作为大学生创业团队能够取得这样的盈利还是值得赞赏的。该部分是大多数大学生创业团队容易忽视或者不易呈现的。文本中应把历史经营状况数据，包括现金流量表、资产负债表和损益表罗列清楚。在此基础上，预测未来的生成运营费用和收入状况，将具体财务状况以财务报表形式展现出来。预计财务报表同样包括预计收益表、预计资产负债表、预计现金流量表。

十、风险应对

基本市场方面的风险是资源泄露和竞争复制，但只要抓住核心资源，产生良好的市场效应，建立良好的口碑和市场印象，市场一定会越来越可观。

（一）运营风险

我们公司的服务在实际运作中可能会遇到各种各样无法预估的风险，例如，首先，数据库智能化管理的风险，因为互联网本身就是一个极具风险的产业，互联网的发展可能也会涉及我们公司数据库智能化管理的一系列问题；其次，我们公司所推行的垂直商城也有可能由于品牌知名度不高而无人问津；最后，我们公司推行的小程序或网站一旦遭遇网络病毒的袭击，或者受到攻击，也会影响我们公司的服务。

（二）资金风险

资金风险是指因资金不能适时地筹集和供应而导致创业失败的可能性，贯穿于创业活动的整个过程。我国大学生自主创业资金主要来源于家庭支持、银行贷款、风险投资、股权融资和融资租赁等渠道。

其中，除去家庭支持外，其他资金来源渠道的获得途径都需要一定的资质和担保，相对有一定的难度。然而资金链是一家公司发展和成长的血液和命脉，尤其在公司发展初期，各方面亟待投入和开发的情况下，资金的需求比较大，且利润不能很好回收的话，可能会造成资金链的很大缺口。

如果公司没有足够的流动资金，很可能会导致在创业初期就遭遇失败。而且如果大学生缺乏财务分析，也有可能在创业初期因资金紧缺而严重影响业务的拓展，从而错失良机。但壹口袋主要依靠资源进行营业，抓住核心资源，资源变现。

点评：该部分对企业面临的技术、市场、管理、政策等方面的风险和问题均有所体现，但还应提出相对应的合理有效的规避方案。体现创业团队对项目风险的把控以及对市场的洞察力、解决问题的能力。

思考与讨论：你是否认同上述点评意见？你认为还有哪些地方需要对创业计划书做进一步改进？

第 15 章　创业路演

【概念解析】

创业项目路演是指创业者在一定时间内，通过幻灯片的辅助，向投资方阐述企业产品、项目可行性、核心价值、可操控性、投资回报、项目风险及规避方法等内容，并寻求投资方的支持。

项目路演前需要做好相应的准备工作：第一，路演之前，要明确展示的目的，收集相关信息，了解听众的需求，便于和听众联系、互动。第二，确定展示的人员和方式。一般创业大赛都会要求所有创业团队成员参加展示，但并不要求所有成员都进行陈述，因此，选择合适的人员进行陈述是成功的关键因素之一。第三，准备展示的素材和设备，通常包括创业计划和 PPT，如果有产品模型等，则可以锦上添花；如需要视听设备，需提前准备好。第四，在正式展示之前，和团队成员一起进行模拟预演，帮助路演者调整到最佳状态。第五，要想方设法使展示生动有趣、充满激情。

创业项目路演的 PPT 应尽可能简洁，一些专家给出了 6-6-6 法则，即每行不超过 6 个字，每页不超过 6 行，连续 6 张纯文字 PPT 之后需要有一个视觉停顿（最好通过图表的形式来展示）。一个好的路演 PPT 应该具备以下几个特质：讲述一个令人信服且逻辑通顺的故事；通过实验和研究数据有力验证了的商业模式；结尾有经充分研究推导出的明确融资数额。下面推荐一个 PPT 模板。

PPT 1，问题/痛点

这可能是路演 PPT 中最重要的幻灯片之一。太多创业者在推销他们的解决方案上用力过度，却没有让潜在投资人明白他们要解决的问题是什么。路演者需要尽可能简洁地说明几点：

1. 问题的痛点是什么？

2. 你怎么知道这是一个问题？你有一手或者二手的研究数据来支持这个问题吗？

3. 你要为谁解决这个问题？

PPT 2，解决方案

现在你已经告诉投资人，某一个群体中有一个重要的问题需要解决，并且它已通过你的研究得到验证，这时候你就可以讲述你将如何解决这个问题了。以下是你需要描述的几个问题：

1. 人们现在正在使用的其他解决方案是什么？

2. 为什么这些解决方案都没有真正解决该问题？

3. 你的解决方案是什么？

4. 你的解决方案为什么比其他解决方案更好？最终能带来的好处是什么？

5. 你的解决方案有什么专利或者独特之处吗？

PPT 3，数据验证

前两张幻灯片讲完后，大多数投资人都想看到你的解决方案的数据验证。事实上，大多数投资人不在乎产品的细节，他们的第一直觉是评估你的项目是否是一个好的投资机会。我们称这张幻灯片为"关键幻灯片"，因为它决定了投资人是否会继续看下去。在该张幻灯片中，你应该思考如何回答以下几个问题：

1. 你有多少付费客户或用户？

2. 你的产品/服务每月/每年会产生多少收入？

3. 你每月的增长额是多少？

4. 你实现盈利了吗？

5. 你有重要的合作伙伴吗？

6. 你有来自客户的嘉奖或者高的净推荐值吗？

PPT 4，产品

你要给投资人一个产品的快速演示，在不透露过多细节的同时向他们解释产品是如何工作的。你要尽量用简洁的语言来解释并放上几张产品截图。

1. 你的产品是如何工作的？

2. 它如何为你的客户带来价值？

3. 幻灯片 1~4 是让投资人上钩的"钩子"。演示这 4 张幻灯片的目的就是让投资人对你的业务感兴趣，这样他们才会想要更多地了解你的项目。

4. 在幻灯片 5~8 中，你要向投资人证明你的项目是有市场潜力的，而你正好有一个独特的策略来切入这个市场。

PPT 5，市场分析

该部分内容包括市场总量，可服务市场总量和实际可服务市场总量。如果你的市场要细分，谈一谈你如何成为小池塘里的大鱼。在该张幻灯片中，你应该思考如何回答以下几个问题：

1. 产品的市场容量有多大？

2. 用户的画像是什么？谁是你的早期使用者？

3. 你的产品生命周期价值和获得成本各是多少？你的客户流失率是多少？

PPT 6，竞争分析

这里你应该展示的是你在适应市场和获得市场份额方面的信心，同时展示你当前的客户满意度和忠诚度。你需要考虑以下几个问题：

1. 你的市场定位是什么？

2. 如何防止竞争对手夺走你的市场份额？

3. 你的秘诀是什么？你将如何变得比竞争对手更优秀？

PPT 7，商业模式

一个创业者的真正产品不是解决方案，而是一个行得通的商业模式。创业者真正该做的是随着时间的推移，系统性地降低商业模式的风险。在这张幻灯片中，要解答的关键问题包括：

1. 你如何赚钱？

2. 你的商业模式的工作原理是什么？

3. 你的商业模式如何通过实验或案例研究获得验证？

PPT 8，市场推广策略

现在你已经确定了目标市场和商业模式，你想让投资人知道你将如何进入这个市场。你的市场推广策略应该在小范围内得到了验证，同时也应该确定最有效的客户获取渠道。这里你需要回答以下几个问题：

1. 你将如何让你的产品出现在客户面前？

2. 基于你当前的资源，你将关注哪些渠道？你做了什么来验证这些是最有效的渠道？

3. 你有竞争力的分销策略是什么？

PPT 9，融资需求＋财务数据

为了支持你提出的雄心勃勃的获客策略，你需要提出融资需求。你的整个演示都是为了这一时刻。到这里，投资人应该明白了为什么你的项目会是个好的投资机会，现在他们想知道你需要多少资金。

1. 你需要多少资金来进一步验证你的商业模式？

2. 你手上的钱还能花多久？你还要"烧"多少钱？

3. 资金将如何分配？钱会花在哪里？

4. 获客成本是多少？你有多大的信心能让它保持在一定范围内？

PPT 10，团队介绍

在这张幻灯片中，你要介绍你的团队成员各自的职务和过去的经历。你要向投资人解释为什么你的团队是执行这个创意的最佳选择。这里你要回答以下几个问题：

1. 你的团队里有谁？他们有什么相关技能和经验？

2. 你是如何认识你的联合创始人的？你们过去一起做过什么可以表明你们能一起顺利工作的事情？

3. 你有哪些顾问？他们的经验与你正在解决的问题有什么关系？

PPT 11，企业愿景

企业愿景应该在标题幻灯片中作为重要的宣传标语或者放在 PPT 最后，提醒你的投资人为什么他们应该关心你的项目。在向投资人提供了所有事实、数据和验证信息后，如果这些都达到了他们的标准，他们接下来想知道为什么你能把你的项目做成。

1. 你的企业愿景是什么？

2. 什么在激励你实现这个愿景？

【教学活动1】

克 服 恐 惧

活动目标：通过活动让学生明白，害怕在公众场合讲话是正常的，同时也为解决这些恐惧提供了针对性建议。

活动工具：恐惧清单，建议手册，题板纸。

活动步骤：

1. 在游戏开始前问学生这样的问题："你们认为在你们各自的生活中，大多数人最害怕的是什么？"将答案简明地写在题板纸上，询问大家是否同意这些意见。发给每人一张由专家列出的恐惧清单。告诉大家，如果信息准确的话，那么大多数人的恐惧都是类似的，都会觉得做一场精彩的演说或开展培训课程是一项挑战。让学生们回忆或采用

"头脑风暴"的方法，尽可能多地说出克服恐惧的方法。展开小组讨论，培训者在旁记录，记录下学生们认为有效的方法。

2. 选出相对最害怕在公众场合发言的学生，让他上台大声朗读这些克服恐惧的方法给大家听。

专家列出的恐惧清单：

（1）在公众前讲话

（2）金钱困扰

（3）黑暗

（4）登高

（5）蛇和虫子

（6）疾病

（7）人身安全

（8）死亡

（9）孤独

（10）狗

克服演讲恐惧的一些建议：

（1）熟悉演讲内容（首先成为一个专家）。

（2）事先练习演讲内容并运用参与技巧。

（3）知道参加者的姓名并称呼他们的名字，尽早建立自己的权威。

（4）用目光接触听众，建立友善、和谐的气氛并进修公开演讲课程。

（5）展示你事先的准备工作。

（6）预测可能遇到的问题并事先检查演示设备和视听器材。

（7）事先获得尽可能多的有关参与者的信息，放松自己（深呼吸、内心对白等），准备一个演讲大纲并按部就班地进行演练。

（8）好好休息，使自己的身心保持警觉、机敏；用自己的方式，不要模仿他人；用自己的词汇，不要照章宣读；站在听众的角度看问题，设想听众是和你站在一个立场上的。

（9）对演讲提出一个总的看法并接受自己的恐惧，把它看成是一件好事。

（10）先向团队介绍自己。

（11）把你的恐惧分类，看看哪些是可控的，哪些是不可控的，并找出相应的对抗恐惧的方法。

（12）在开场前的5分钟要特别注意把自己想象成一个出色的演讲者，考虑如何应对艰难的处境和刁钻的问题，营造一种非正式的气氛。

思考与讨论：你在公众场合讲话是否感到恐惧？有什么方法可以克服这些恐惧？当你看到别人遇到这种恐惧时，是否希望能想到一些方法帮助他？这些方法对你自己有用吗？通过这个活动，你找到对你有帮助的方法了吗？

【教学活动 2】

信息接力棒

活动目标：信息传递的失真是早已为我们所熟知的，即使一段简单的话经过几个人的传递也会变样。这不仅因为在听的过程中漏掉了信息，还因为每个人在传递信息时都不自觉地加入了自己的理解，使得信息越来越偏离了它本来的意思。

活动步骤：

1. 从报纸或杂志上摘取一篇 2～3 段长的文章，但不要是大热门的，要保证学员们没听过。

2. 将学员分成每 5 个人一组，并编号。

3. 请每组的 1 号留在房间里，其他人先出去。

4. 把故事念给各组的 1 号听，但不许他们做记录或提问。

5. 接下来分别请每组的 2 号进来，让 1 号把听到的内容告诉给 2 号，2 号也不许做记录和提问。其他人都不得插话。

6. 3 号进来，2 号把听到的传给 3 号，以此类推，直到 5 号接收到信息为止。

7. 请每组的 5 号复述他们听到的故事。

教师点评：

1. 让每个信息传递者都必须严格按照原本内容传递是非常苛刻的要求，也是不可能达到的要求。他们能将主要信息正确、详细地传递给别人就已经很不错了。

2. 造成信息失实的因素有很多，主观因素有本人的记忆力、理解力和表达能力；客观因素有当时的环境和传递者对传递内容的熟悉程度。

3. 提高听力的有效方法有很多，比如做笔记、默记故事的关键词，最有效的就是记下故事里的逻辑关系。这样无论文章有多长，关系有多复杂，都不会影响我们获取有用的信息。

思考与讨论：每个传递者都会不可避免地漏掉一些信息，统计一下他们漏掉最多的是什么？故事在传递中，是否出现了错误和人为的篡改？在创业路演中，我们该如何加强记忆，充分理解专家评委的意见？

【教学活动3】

数 字 传 递

活动目标：锻炼学生团队沟通与交流的能力，既包括语言的交流，也包括肢体语言、动作的交流等，引导他们能够正确地运用沟通技巧。

活动工具：纸、笔。

活动步骤：

1. 将学员分成若干组，每组5~8个人，每组选派一个人出来担任监督员。

2. 所有参赛的组员按纵列排好，教师向全体参赛学员和监督员宣布游戏规则。

3. 评判：

（1）各队代表到主席台来，教师向其说明游戏规则：教师将给各队代表看一个数字，他们必须把这个数字通过肢体语言让其全部的队员都知道，并且让小组的第一个队员将这个数字写到讲台前的白纸上（写上组名），看哪个队伍速度最快、最准确。

（2）全过程不允许说话，后面一个队员只能够通过肢体语言向前一个队员进行表达，通过这样的方式层层传递，直到第 n 个队员将这个数字写在白纸上。

（3）比赛进行三局（数字分别是0、900、0.01），每局休息1分15秒。第一局胜利积5分，第二局胜利积8分，第三局胜利积10分。

教师点评：

1. 计划、实施、检查、改善的循环是一个标准的沟通与解决问题的程序。四个方面互为补充、缺一不可。在这个过程中反馈以及反馈后的改进应该是相对比较重要的，这就需要接受方与发出方两方面的通力合作。

2. 在人与人之间的沟通中，身体语言往往能起到举足轻重的作用。同样的一句话配合不同的动作说出来就可以表达出不同的意思。比如你笑着说一句话，人家会感觉很愉快；但如果是生着气说的，气氛肯定不是很融洽。所以我们在与人交流的时候一定要注意自己的身体语言。

思考与讨论：你认为肢体语言、动作的交流在创业项目路演中，能起到什么作用？

【教学活动 4】

"电梯演讲"创业比赛

"麦肯锡 30 秒电梯理论"来源于麦肯锡公司一次沉痛的教训：该公司曾经为一家重要的大客户做咨询。咨询结束时，麦肯锡的项目负责人在电梯间里遇见了对方的董事长，该董事长问麦肯锡的项目负责人："你能不能说一下现在的结果呢？"由于该项目负责人没有准备，而且即使有准备，也无法在电梯从 30 层到 1 层的 30 秒钟内把结果说清楚。最终，麦肯锡失去了这一重要客户。

从此，麦肯锡要求公司员工凡事要在最短的时间内把结果表达清楚，凡事要直奔主题、直奔结果。麦肯锡认为，一般情况下人们最多记得住一二三，记不住四五六，所以凡事要归纳在 3 条以内。这就是如今在商界流传甚广的"30 秒钟电梯理论"或称"电梯演讲"。

1. 电梯演讲创业比赛的要求

在短时间内讲清楚其创业项目产品/商业模式的形态，并体现说服市场购买/使用的可能性和能力。注意用事例、数据、实物等来支持其创新性、科技性和可行性，用演讲者能力和技巧达到现场的互动效果。

2. 电梯演讲创业比赛流程

（1）第一轮：班级全体同学参赛，每位同学拥有 60 秒的"电梯"时间向全班同学陈述自己的创业想法，演讲的同学必须利用短短的 60 秒时间抓住观众的注意力，清楚解释产品可以解决的问题。获得 2/3 听众"肯定"的选手进入第二轮。

（2）第二轮：第二轮入围选手继续对刚才的项目进行阐述和补充（即获得又一次的电梯演讲机会），时间仍为 60 秒，获得 2/3 观众肯定的选手最终入围公投环节。

（3）公投环节：入围公投环节的选手接受全班同学投票。在每人一句阐述创业理念之后，由观众投票选出最终获胜的选手。

思考与讨论：看了每位同学的演讲后，对你有什么启示？你认为获胜的关键是什么？

【教学活动 5】

创业项目路演实战

活动目标：通过创业项目路演活动，学生要了解创业项目路演的内涵和价值，掌握 PPT 的制作方法和路演中的技巧，培养学生创业应具备的沟通、表达、组织等能力，提升学生的创业自信心。

活动内容：以小组为单位，根据各小组在上一章撰写的创业计划，结合创业项目路演的相关知识，制作项目路演 PPT，并进行路演实战。

活动步骤：

第一步，合理分组，进行项目路演展示，前一小组成员对其进行点评、提问。

第二步，选定一名演讲者，撰写演讲稿，反复模拟练习。

第三步，确定 PPT 的结构和思路，小组成员分工合作，完成 PPT 的制作。

第四步，收集相关资料、做好路演的前期准备工作。

第五步，评委提问，并按照下表进行创业项目路演打分。

创业项目路演参考评价表

评价指标（分值）	标准	小组自评（30%）	小组互评（30%）	老师评分（40%）	最后得分
演讲内容（20分）	演讲内容紧扣创业计划，主题鲜明、深刻				
语言表达（10分）	脱稿演讲，声音洪亮，口齿清晰，语速适当，表达流畅，激情昂扬				
仪表仪态（10分）	衣着整洁，举止得体，具有朝气蓬勃的精神面貌				
PPT制作（20分）	思路清晰，层次分明，重点突出，具有一定的美观度				

续表

评价指标 （分值）	标准	小组 自评 （30%）	小组 互评 （30%）	老师 评分 （40%）	最后得分
现场答辩 （30 分）	能准确理解评委的问题，回答简明扼要； 思路清晰，逻辑严密；团队配合默契				
综合印象分 （10 分）	由评委根据路演者的现场表现打分				
合计（100 分）					

思考与讨论： "60 秒电梯演讲"与创业项目路演实战有什么区别？在做创业项目路演时，你认为需要注意哪些事项？

【案例分析 1】

阿里巴巴上市路演

阿里巴巴自创始以来，经过了多次融资。无论是面对多大金额的投资，马云从未放弃对阿里巴巴发展的主导权，对发展干涉过多、带有功利心的投资人，他都果断拒绝。阿里巴巴虽然在美国纽交所上市，成为人尽皆知的大企业，但是马云表示，阿里巴巴从未放弃过本土市场，本土市场有广阔的发展空间，阿里巴巴未来的发展仍然以中国市场为主。

2014 年 9 月 9 日，花旗银行全球资本市场部门负责人泰勒·迪克森（Tyler Dickson）在美国开启了阿里巴巴集团 IPO 的首场路演。泰勒·迪克森说，阿里巴巴是他们职业生涯中遇到的最激动人心的公司。这场路演吸引了八九百名华尔街的精英到场，其中包括花旗银行、瑞士信贷银行、德意志银行、高盛、摩根大通、摩根士丹利等。阿里巴巴的这场上市路演也称为"史上最贵的 IPO"，成为众多创业者追捧学习的对象。

在路演现场，马云及其副董事长蔡崇信向所有潜在投资人介绍了阿里巴巴集团，包括阿里巴巴的团队、经营理念、未来发展等。现场潜在的投资人也提出了许多犀利的问题，这些问题涵盖了阿里巴巴与中国政府的关系、对国际业务的计划、商业模式等。而大多数投资人将关注的热点聚焦在阿里巴巴的治理方面。针对这些问题，马云一一进行阐述，并且重点强调了阿里巴巴集团"顾客第一，雇员第二，投资人第三"的政策理念，即阿里巴巴集团永远不会为了眼前暂时的利益而牺牲掉长远利益，会秉承顾客至上的原则，将企业做大做强，惠及更多人。在未来的发展中，阿里巴巴集团会一直秉承这个理念。马云信心十足地表示："我可以看到，未来阿里巴巴集团将成为长期赢家。"马云自信而强有力的语言，带动了整个路演的气氛。

马云强调："我们经营的业务，世界上和历史上都没有人做过，这是一个强大的生态系统。我们所建立的并非一个商业帝国，而是帮助小企业更简单、更平等地做生意。阿里巴巴集团的使命就是帮助小微企业更好、更长远地发展，让小微企业与消费者之间能够建立更广泛而密切的联系。阿里巴巴创造了这样一个生态系统，在这个生态系统里，小微企业能够获得比传统商业模式更好的发展，从而也促进了阿里巴巴集团的发展。而后马云讲述，从创立阿里巴巴之初，他的选人标准就是一定要比自己优秀，这也说明了阿里巴巴之所以有今天的成功，是因为阿里巴巴有一个优秀的团队，这个智囊团共同努力，为公司的发展献计献策，把惠及小微企业作为自己的使命。

整个路演过程中，最突出的两大亮点，表达了阿里巴巴集团的企业文化和未来发展方向，这也让投资人增加了对阿里巴巴集团的信心。第一，彰显了阿里巴巴对小企业的关怀。路演中，马云多次强调了阿里巴巴集团对小企业的关怀，他认为，在中国"大众创业、万众创新"的新形势下，小微企业有广阔的发展空间和发展出路，政府提供了各项税收优惠政策，扶持小微企业的发展。马云认为，小企业将会成为整个经济体的中流砥柱。他对阿里巴巴未来的定义仍然是"小企业的英雄"。第二，瞄准中国本土市场。马云表示，尽管阿里巴巴在美国上市，阿里巴巴也不会放弃中国市场而转投其他市场的怀抱，阿里巴巴未来的发展重心仍然是中国本土市场。因为中国本土市场有足够的发展空间，阿里巴巴集团会有更大的用武之地。阿里巴巴的这一发展策略给潜在投资人留下了极其深刻的印象。

经过一系列的准备工作，通过路演使国外投资人对阿里巴巴有了全面的了解，看到了阿里巴巴的发展潜力和商业价值。最终阿里巴巴的发行价定为每股 68 美元，这是定价区间的最高值。

阿里巴巴的成功不是一蹴而就的，缘于多年的努力和对未来发展的坚守。在阿里巴巴还是一个非常缺钱的小企业的时候，马云就有了选择投资人的标准，而不是为了获得投资盲目地迎合投资人。在高盛的"天使基金"到来之前，马云曾经拒绝过 38 家投资商，这并不是因为马云不缺钱，反而有时候马云连工资都快发不出来了。他之所以拒绝，是因为，他认为一个企业要想获得长远的发展，投资人和企业管理者应该各司其职，发挥自己的长处。在众多融资路演中，马云也坚持这个原则，强调了阿里巴巴未来的发展方向。在后来的发展中，阿里巴巴并没有因为要获得某个融资去迎合投资人而改变自己的发展方向。

阿里巴巴自身的发展也可以说是一个成功的路演，向世人演示成功企业的发展特点。在阿里巴巴这场发展路演中，演说者马云用自己的智慧和对事业的坚持，将阿里巴巴不断发展壮大，在顾客至上的理念中，秉承为小微企业服务的理念，着眼于中国本土市场，为繁荣市场献计出力，成为市场的中流砥柱。

阿里巴巴从最初只有十几个人的公寓楼里的小企业成长为在美国纽交所上市的大企业。阿里巴巴的发展理念值得学习，马云对市场的敏锐感，对创业的坚守值得我们学习。阿里巴巴的路演和发展，更像是一场成功的逆向路演。

思考与讨论：一个成功的路演需要做哪些准备工作？阿里巴巴的成功之处主要有哪些？路演对企业的发展来说，有什么必要性？

【案例分析 2】

"故事思维" 式创业路演

路演，一个极为特殊的场景，是项目融资的敲门砖。路演的目的是什么？什么样的路演算是成功的？如何让投资人在无数路演中准确记住你？本案例中，5 分钟 "故事思维" 式路演，让一个看似简单的创业项目得到了罗振宇、傅盛青睐，融资百万。这是如何做到的？

挤满人群的早高峰地铁站，排着长长队伍的早餐店，脏乱差的小黑摊，夹着辣条的肉夹馍……一个个满是冲突、反差的场景，最终引出了路演的主角——某早餐 O2O 项目。就是这样以冲突引出痛点、用最简单的语言诠释解决方案的 5 分钟路演，让该项目 PK 掉近万个参赛项目，获得《寻找紫牛创业人——傅盛战队》全国冠军，最终获得了傅盛的天使投资。究竟什么样的路演能让傅盛，甚至讲故事见长的罗振宇都认可？

某早餐 O2O 项目背后的功臣——故事学院创始人戚泽明，他认为，用 "故事思维" 可以打造一份完美的 BP、完成一次精彩的路演。在最短时间内把事说清楚，再好玩一点就更好了！路演的目的不是融钱，而是在有限的 5~8 分钟内，勾起投资人对你的兴趣，创造再交流的机会。这是戚泽明对路演的理解。如何在5~8分钟内，让投资人记住你，并愿意继续交流？无论是论坛演讲、企业年会、年终汇报，还是剧场、高校甚至TED，任何场景下戚泽明都能够帮助对方设计一套最适合的讲稿、PPT和精准又富有感情的表达。

"路演是一个极特殊的场景，只有5~8分钟时间，在这简短的时间内，不是说要介绍得多么全面，让所有人都知道你将要干一件多么伟大的事，而是把话说清楚，吸引投资人关注，赢得后续交流机会，目的就达到了。"戚泽明对路演的定位非常明确，这恰恰是许多创业者所忽略的。

那么如何引起投资人的兴趣呢？用一个能刺激人体多巴胺分泌的演讲方式——故事。故事的巧合、对比、悬念、冲突，能够让听众快速进入到所设计的场景中，跟着创业者传递的情绪走，而"故事思维"就是把这些能够让人体产生多巴胺的元素提取出来，运用到整个路演中。

打磨路演的三个层面：内容、视觉、表达

内容是演讲的核心，讲稿又是这个核心的载体，所以创业者需要花费最多的时间在讲稿打造中。在起草内容时候，反复询问自己：你为什么做这个项目，初心是什么，当初发生了什么才让你迫不及待地实现它，你的未来会怎样……这就是提炼故事的过程，通过真实的故事带入痛点，让投资人了解项目初衷。

视觉主要体现在PPT上，需要关注场合是封闭的路演，还是开放的演讲，用户是年轻人，还是写字楼里的白领，这都决定了设计风格。视觉其实是设计层面的事，不是故事思维的重点。简单来说，最适合路演的PPT，或者说BP，是乔布斯发布会的极简风格＋麦肯锡咨询报告风格（满屏都是字）的综合体，既有数据、表格、图片，又让整体看着舒服。

表达是传递故事，用情感影响投资人的关键。这一点非常关键，如何消除紧张，让表达自然、流畅又能完美的互动呢？有两则故事思维值得学习。

故事思维之一：痛点就是你要讲的故事

内容打造的环节最为关键。相信创业者对BP的结构都不陌生。而其中最为核心的是两个点，一是"一句话介绍你是谁"，二是"受众是谁，解决什么痛点"。

如何用"一句话介绍你是谁"？

1. 类比方式，对标知名的项目或产品，类似定位理论中的占据用户心智，比如，滴滴－Uber。

2. 象限方式，不同维度图表化直观展示。

3. 用户＋解决方案式，这个是最常用的方法，例如，蹲点，上班族的网购早餐服务。

如何精准、简单地说清痛点？用故事的方式，引出冲突和矛盾，最容易将对方带入到预设的情境中，进而更好地理解，产生兴趣。那么，故事如何提取呢？一方面是创业者的亲身经历，即创业者做这个项目的初衷。当初因什么样的问题产生困扰，想要着手解决，把这个过程提炼出来。另一方面是访问身边的人，或目标用户，问问他们在面对问题的时候，是一个什么样的具体场景，多收集一些用户的体验，从中筛选出最精彩、矛盾最突出的。这里需要强调的一点是，不要过分地渲染情怀、描绘未来，类似"我想做下一个马云，让天下没有难做的生意"，"我要改变人类的生存方式"，这样的"口号"投资人每天都能听到，反而是解决什么痛点、如何产生回报更为实际。

故事思维之二：表达上，流畅的表达＋饱满的情感

有的创业者在路演时非常紧张，常常连话都说不连贯，更不用说讲明白项目了。一场出色的演讲，除了内容精彩外，还需要创业者流畅、情感丰富的表达。单就流畅而言，"紧张"就是一个正常人难以跨越的坎。戚泽明在解决紧张方面有一套自创的方法，简单来说就是"关键词＋牢记开头＋反复练习"。将整场路演分割成不同的关键词，忘记一个，下一个及时补上，保证整体的流畅。另外，把70%的精力都放在开头的练习上，我们都知道，上台前和开始是最为紧张的阶段，一旦适应了，紧张感就会稍稍缓解，这时候，就需要对开篇进行反复练习，直至倒背如流。至于反复练习，戚泽明认为，"至少脱稿20遍以上！"

如何才能让表达富有情感？和传统演讲培训不同的是，戚泽明没有用"切西瓜"的手势、点视法的眼神去要求创业者。通过他的实战总结，把握住一个原则：挖掘自己做项目的原动力，调动自己的真实情感。演讲的根本就是我有话要说，我要表达，把这个原动力调动出来即可。方法看似抽象，这一点别人只能引导，更多的还需要自我的挖掘。

如何培养故事思维

有的创业者回想自己的创业历程时会发现，鲜有故事，最怕创业者回想起来发现一片空白，因为故事思维一定是建立在真实基础上，可以演绎，但难以凭空捏造。所以，故事来源于日常，来源于不经意间的积累。建议创业者养成"记日记"的习惯，把每天经历的事情，连带感悟、体会、收获一起记录下来，哪怕流水账都没关系，作用是记录。很多创业者都有写工作日志的习惯，但日志仅仅记录了日常工作，不妨在此基础上加入一些场景叙述，更重要的是自己的感想、思路等，这样回想起来就有参考依据。从平常点滴的日记或者日志里面挖掘演讲中最想说的，那一定是创业者的心声。

思考与讨论：你如何看待"故事思维"式创业路演？还有哪些方法可以有效培养"故事思维"？

参考文献

［1］ 徐小洲．创业概论［M］．北京：教育科学出版社，2017.

［2］ 孙洪义．创新创业基础［M］．北京：机械工业出版社，2016.

［3］ 张玉利，薛红志，陈寒松，等．创业管理（第4版）［M］．北京：机械工业出版社，2016.

［4］ 张玉利，杨俊．创业管理（行动版）［M］．北京：机械工业出版社，2017.

［5］ 斯晓夫，吴晓波，陈凌等．创业管理：理论与实践［M］．杭州：浙江大学出版社，2016.

［6］ 刘帆．大学生KAB创业精讲［M］．北京：知识产权出版社，2013.

［7］ 施永川．大学生创业基础［M］．北京：高等教育出版社，2015.

［8］ 张亚维．大学生创业教育实训手册［M］．南京：南京大学出版社，2019.

［9］ 朱燕空，罗美娟，祁明德．创业如何教：基于体验的五步教学法［M］．北京：机械工业出版社，2018.

［10］ 刘志阳．创业画布：创业者需要跨越的12个陷阱［M］．北京：机械工业出版社，2018.

［11］ 邢以群．管理学（第5版）［M］．杭州：浙江大学出版社，2019.

［12］ 王艳茹．创业基础如何教：原理、方法与技巧［M］．北京：清华大学出版社，2017.

［13］ 董青春，曾晓敏．创业行动手册［M］．北京：清华大学出版社，2018.

［14］ 徐俊祥，徐焕然．创未来——大学生创业基础知能训练教程（第2版）［M］．北京：现代教育出版社，2017.

［15］ 李俊．创业实践：做中学创业［M］．北京：北京师范大学出版社，2018.

［16］ 李肖鸣．创业基础慕课学习评价手册［M］．北京：清华大学出版社，2015.

［17］ 孟奕爽．创业思考力：从创意到产品开发［M］．长沙：湖南教育出版社，2019.

［18］ 王占仁．中国创新创业教育史［M］．北京：社会科学文献出版社，2016.

［19］ 谢火木．聚焦实践，深化改革——大学生创新创业教育优秀案例［M］．厦门：厦门大学出版社，2019.

［20］ 陈高生，孙国辉．新世纪的国家竞争锐器——高校创业教育［M］．北京：经济日报出版社，2012.

［21］ 中国青年报社 KAB 全国推广办公室．中国青年公益创业报告［M］．北京：清华大学出版社，2015.

［22］ 威廉·拜格雷夫，安德鲁·查克阿拉基斯．创业学（第3版）［M］．北京：北京大学出版社，2017.

［23］ 亚历山大·奥斯特瓦德，伊夫·皮尼厄．商业模式新生代［M］．北京：机械工业出版社，2012.

［24］ 克里斯·安德森．创客——新工业革命［M］．北京：中信出版社，2012.

［25］ 杰里米·里夫金．第三次工业革命——新经济模式如何改变世界［M］．北京：中信出版社，2012.

［26］ 埃里克·莱斯．精益创业：新创企业的成长思维［M］．北京：中信出版社，2012.

［27］ 布兰特·库珀，帕特里克·沃拉斯科维茨．精益创业家［M］．北京：机械工业出版社，2013.

［28］ 海迪·内克，帕特里夏·格林，坎迪达·布拉什．如何教创业——基于创业实践的百森教学法［M］．北京：机械工业出版社，2015.

［29］ 萨尔曼·可汗．翻转课堂的可汗学院［M］．杭州：浙江人民出版社，2014.

［30］ 克里斯丁娜·埃尔基莱．创业教育：美国、英国和芬兰的论争［M］．北京：商务印书馆，2017.

［31］ Victoria Crittenden, Kathryn Esper, Nathaniel Karst, Rosa Slegers. *Evolving Entrepreneurial Education——Innovation in the Babson Classroom* ［M］. Emerald Group Publishing Limited, 2015.

［32］ Holden Thorp, Buck Goldstein. *Engines of Innovation——The Entrepreneurial University in the Twenty-First Century* ［M］. The University of North Carolina Press Chapel Hill, 2010.

［33］ Earl Meyer, Kathleen Allen. *Entrepreneurship And Small Business Management（second edition）* ［M］. Glencoe McGraw-Hill Publisher, 2007.